W0322526

Dunja Herrmann

Das kleine simplify® Wissen-Buch

simplify Wissen

Das kleine simplify® Wissen-Buch

ISBN 978-3-8125-0817-9
Herausgeber: Detlef Koenig, Bonn
Redaktion: Dunja Herrmann, Stutensee-Staffort
Lektorat: Stefanie Schmid, Bonn
Produktmanagement: Michaela Brune, Bonn,
Zeichnungen: Werner Tiki Küstenmacher, Gröbenzell
Herstellung: Lars Heidenreich, Herrenberg

Design: Verena Pütz, Bonn
Druck: Gebr. Knöller GmbH & CoKG, Stuttgart

VNR Verlag für die Deutsche Wirtschaft AG
Eingetragen: Amtsgericht Bonn HRB 8165
Vorstand: Helmut Graf, Bonn
Besucheradresse: VNR Verlag für die Deutsche Wirtschaft AG
Theodor-Heuss-Str. 2-4, 53177 Bonn,
(Großkundenpostleitzahl: 53095 Bonn)
Kundenservice-Tel.: (0228) 9 55 01 40
E-Mail: info@simplify.de

Liebe Leserin, lieber Leser,

manchmal hat man ja das Gefühl, gar nicht genug wissen zu können: Mal schnappen wir einen Namen auf, dessen Person dahinter wir gar nicht gut genug kennen. Oder wir lesen und hören Begriffe, die das Zeitgeschehen hervorbringt. Und was sich genau dahinter verbirgt, wollten wir zwar schon immer einmal im Lexikon oder im Internet nachschauen, aber irgendwie geht es im Alltag stets unter ... Vielleicht haben Sie auch Kinder, die mit Ihren Fragen auf Sie zukommen: „Wieso haben manche Menschen Locken und andere nicht?“ Oder sie berichten Ihnen von dem Maler, über den die Lehrerin in Kunstunterricht so viel erzählt hat – und Sie werden unsicher, weil sie über diesen Menschen weniger wissen als Ihr Kind.

In all diesen Situationen wünschen wir uns, mehr zu wissen. Den Anfang zu finden, fällt uns jedoch schwer. Und genau hier hilft Ihnen das kleine simplify Wissen: Es trifft für Sie eine Vorauswahl an wissenswerten Informationen und berühmten Persönlichkeiten. Sie können damit ihr Wissen auffrischen und es zugleich als Nachschlagewerk nutzen. Vielleicht regt es Sie auch an, sich mit einer Sache weiter zu beschäftigen – und schon haben Sie einen Einstieg in die faszinierende Welt des Wissens.

Das kleine simplify Wissen-Buch liefert Ihnen dazu 121 Beiträge aus allen Bereichen des Wissens – sei es Politik, Geschichte, Lebensart, Kultur oder Sport.

Nun bleibt mir nur noch, Ihnen viel Freude beim Öffnen der Schatzkiste des Wissens zu wünschen!

Ihre

Dunja Herrmann

Dunja Herrmann
simplify® Wissen

Inhalt

1. Künstler, Erfinder, Politiker & Co.

2. Politik & Geschichte

3. Gesellschaft & Lebensart

4. Erfindungen

5. Kunst

6. Fremdwörter

1. Künstler, Erfinder, Politiker & Co.

1.1 Frühlingskinder

Der Begründer der Homöopathie

Christian Friedrich Samuel Hahnemann kam am 10. April 1755 in Meißen auf die Welt. Mit 21 Jahren begann er sein Medizinstudium an der Leipziger Uni und 1779 schloss er es in Erlangen ab. Er praktizierte, übersetzte medizinische Bücher und startete Versuche mit Natur-Arzneien. Vor über 210 Jahren veröffentlichte er erstmals sein Prinzip „similia similibus curentur" – Ähnliches werde mit Ähnlichem geheilt. Dies ist die Basis der Homöopathie, deren Name sich aus den griechischen Wörtern homoios für „gleich, ähnlich" und pathos für „Leiden, Krankheit" ableitet.

Homöopathische Arzneimittel bestehen aus stark verdünnten Substanzen, die nachweislich oder vermutlich bei gesunden Menschen Symptome hervorrufen, die denen des kranken Patienten ähneln. Das versetzt den Kranken künstlich in einen Krankheitszustand, was die eigentliche Krankheit auslöschen soll.

Hahnemann führte bis kurz vor seinem Tod 1843 eine bekannte Praxis in Paris und arbeitete stetig daran, seine Therapie zu optimieren.

Samuel Beckett und das absurde Theater

Kennen Sie „Warten auf Godot"? Wenn Sie das Stück nicht gelesen oder gesehen haben, so haben Sie aber bestimmt davon gehört. Der Verfasser dieses absurden Theaterstücks, in dem eigentlich nichts passiert, ist Samuel Beckett.

Er wurde am 13. April 1906 in Dublin geboren. Er war einer der bedeutendsten Schriftsteller des 20. Jahrhunderts. 1937 zog es ihn nach Paris, wo er auch die meiste Zeit bis zu seinem Tod 1989 verweilte. Viele seiner Werke schrieb er auf Französisch und übersetzte sie später selbst ins Englische. Dazu zählten Prosa, Gedichte, Theaterstücke, Fernseh- und Hörspiele. 1969 erhielt er für sein Lebenswerk den Literatur-Nobelpreis.

Sigmund Freud kommt auf die Welt

Der Begründer der modernen Psychoanalyse wurde am 6. Mai 1856 im tschechischen Freiberg geboren. Drei Jahre später ging seine Familie nach Wien, wo Freud bis ein Jahr vor seinem Tod 1939 auch lebte und wirkte.

Er war ein einflussreicher Denker des 20. Jahrhunderts, wenngleich seine Theorien oft kritisch beäugt wurden. Von ihm stammt die Theorie zum „Ödipus-Komplex", nach dem ein Sohn sich im Kampf um die Mutter als Rivale des Vaters sieht.

Geburtstag eines erfolgreichen Heilers

Sagen Ihnen Wassertreten und erfrischende Armgüsse etwas? Dann denken Sie sicher sofort an den Namen „Kneipp". Der Verfechter dieser Therapien kam am 17. Mai 1821 in Stephansried bei Ottobeuren auf die Welt. 1849 an Tuberkulose erkrankt, entdeckte er durch Zufall die 100 Jahre alten Aufzeichnungen „Unterricht von der Heilkraft des frischen Wassers" des Arztes Johann Siegmund Hahn.

Die Wasserkur, dort als heilend beschrieben, wandte der Pfarrer Sebastian Kneipp fortan an, indem er ins eiskalte Flusswasser stieg. Bald behandelte er auch seine Mitstudenten erfolgreich.

Als er im Mai 1855 als Beichtvater ins Kloster Wörishofen zog, begann sich das Leben dort zu verändern: Immer mehr Kurgäste strömten in die Stadt, um von Kneipp therapiert zu werden - und das, obwohl er mit seinen Methoden auch immer wieder in der Kritik stand. Kneipp entwickelte eine ganzheitliche Therapie für den Menschen, im Einklang mit der Natur. Sie beruht auf den fünf Säulen Wasser, Bewegung, Heilpflanzen, ausgewogene Ernährung und bewusstes Leben. 1897 starb er an den Folgen eines Tumors.

Eine Piano-Fabrik von Carl Bechstein

Der Klavierbauer wurde am 1. Juni 1826 in Gotha geboren. Nach 13 Jahren Berufserfahrung gründete er 1853 eine Pianofabrik und konstruierte eigene Flügel und Klaviere.

Berühmte Musiker wie Franz Liszt oder Hans von Bülow waren begeistert von der Qualität der Instrumente. Das sprach sich herum. Bechstein starb 1900. Unter seinem Namen werden noch heute Klaviere und Flügel gebaut.

Das Sex-Symbol der 50er-Jahre: Marilyn Monroe

Die Schauspielerin kam am 1. Juni 1926 in Los Angeles als Norma Jean Baker auf die Welt. Sie heiratete mit 16 Jahren und startete kurz darauf ihre Karriere als Fotomodell.

Unter dem Künstlernamen Marilyn Monroe avancierte sie zum Sexsymbol und später zum Filmstar der 1950er-Jahre. Bekannt ist auch ihr Auftritt bei der Geburtstagsfeier des US-Präsidenten John F. Kennedy im Madison Square Garden 1962: In einem weißen Kleid und mit Hermelinstola sang sie „Happy birthday, Mr. President".

Alkohol- und Drogenexzesse prägten ihr Leben, das 1962 mit einer Überdosis Schlafmittel ein Ende fand.

1.2 Sommerkinder

Wolfgang Koeppen schrieb „Tauben im Gras"

Fast 90 Jahre lebte der deutsche Nachkriegs-Schriftsteller Koeppen, der für sein Schaffen vielfach ausgezeichnet wurde.

In seinen Romanen beschäftigte er sich auch analytisch und satirisch mit dem Zweiten Weltkrieg und dem Nationalsozialismus. Bekannt hierzu ist seine Romantrilogie „Tauben im Gras", „Das Treibhaus" und „Der Tod in Rom" aus den 1950er-Jahren. Nach der Trilogie veröffentlichte er noch Reiseberichte und Erinnerungen.

Sein Geburtstag war am 23. Juni 1906 in Greifswald.

Sylvester Stallone alias „Rocky"

„Rocky"-Darsteller Stallone erfblickte in New York am 6. Juli 1946 das Licht der Welt. Angeblich anglizierte der Vater den italienischen Familiennamen Staglione, um nicht mit verschiedenen Mitgliedern der New Yorker Unterwelt verwechselt zu werden. Der Schauspieler sizilianischer Abstammung schrieb damals selbst das Drehbuch für den Box-Film, der ihn zum Star machte. Fortsetzungen von „Rocky“ und dem ebenfalls in den 80er-Jahren erfolgreichen „Rambo“ sind in Arbeit. Das wären dann „Rocky VI“ und „Rambo 4“ ...

Andrea del Sarto

Er war ein bekannter italienischer Renaissance-Maler: Andrea d'Agnolo di Francesco di Luca di Paolo del Migliore – so sein eigentlicher Namen. Seine Fresken (auf frischen Putz aufgemalte Wand- und Deckenbilder) schmücken berühmte Gebäude in Florenz, wo er am 16. Juli 1486 auf die Welt gekommen sein soll. Auch für seine Madonnen-Bilder ist del Sarto berühmt.

Der Maler starb 1530.

Heinrich V. – der Investiturstreit machte nicht nur ihn berühmt

Der deutsche König kam am 11. August 1086 auf die Welt. Schon mit 18 rüttelte der zukünftige Monarch am Thron seines Vaters, Kaiser Heinrich IV. (1056–1106), der den Investiturstreit ausgelöst hatte. Der Investiturstreit war der Höhepunkt des politischen Konfliktes zwischen geistlicher und weltlicher Macht um die Amtseinsetzung von Geistlichen, der 1075 mit Papst Gregors VII. Dictatus Papae begann.

Diesen Streit führte Heinrich V. weiter, er erzwang 1111 beim Papst seine Kaiser-Krönung. Er und Papst Kalixt II. legten den Streit erst 1122 mit dem „Wormser Konkordat“ (= Vertrag zwischen Staat und Kirche) bei.

Heinrich V. war der vierte und letzte Herrscher der Salier, ein fränkisches Adelsgeschlecht im Römischen Reich.

Die Show-Zwillinge: Alice und Ellen Kessler

Die berühmten Kessler-Zwillinge – bürgerlich Kaessler –, bekannt durch Tanz und Gesang, wurden am 20. August 1936 geboren. Sie traten bereits im Alter von elf Jahren im Kinderballett der Oper Leipzig auf. Nach einem ersten Engagement in Düsseldorf wurden sie für den Pariser „Lido“ entdeckt und ihr Siegeszug um die Welt begann.

Ab den 1960er-Jahren waren die eineiigen Zwillinge nicht mehr nur auf allen möglichen Showbühnen zu sehen, sondern auch in Spielfilmen. Aber auch in Hollywood waren die Schwestern gefragt – man ließ sich gerne mit den beiden sehen, so z. B. Frank Sinatra und Elvis Presley.

1.3 Herbstkinder

Der Schriftsteller F. Scott Fitzgerald

Das kurze Leben des amerikanischen Schriftstellers war gekennzeichnet von Alkoholsucht und persönlichen Rückschlägen. Geboren am 24. September 1896 im US-Bundesstaat Minnesota, starb Fitzgerald 1940 in Hollywood.

Nach seiner Schulzeit wechselt er 1913 auf die Princeton University. Dort widmet er sich jedoch mehr dem Schreiben als dem Lernen, was zum Abbruch des Studiums führte.

Als er noch lebte, war seinem bekanntesten Roman über die Genusssucht der Oberschicht, „The Great Gatsby“, noch kein Erfolg anzusehen. 1974 wurde der gesellschaftskritische Roman aus dem Jahr 1925 mit Robert Redford und Mia Farrow zum dritten Mal verfilmt.

Jim Henson und die Puppen

Der Vater der Muppets erblickte am 24. September 1936 in Greenville das Licht der Welt. Henson war ein amerikanischer Puppenspieler und -hersteller. Seine erste Muppet-Figur war Kermit, der Frosch, benannt nach Hensons Schulfreund. Neben der Muppet-Show, für die er 1986 einen Oscar bekam, entwickelte der 1990 Verstorbene auch die Sesamstraße.

Buster Keaton

Der „Mann, der niemals lachte" kam am 4. Oktober 1895 in Kansas auf die Welt: Er erlangte sowohl als Slapstick-Komiker und Schauspieler als auch als Regisseur Berühmtheit. Seine technisch innovativen Stummfilmkomödien (z. B. The Navigator oder Sherlock Jr.) zählen heute zu den bedeutendsten Werken der Filmgeschichte. Markenzeichen war sein steinerner Gesichtsausdruck.

Eigentlich hieß er mit Vornamen Joseph Francis, den Spitznamen „Buster" (von englisch to bust = kaputt machen) erhielt er von seinem Vater, weil er schon als Kind das Haus unsicher machte.

Er starb am 1. Februar1966 in Kalifornien.

Elfriede Jelinek

Die österreichische Schriftstellerin erhielt im Jahr 2004 den Literatur-Nobelpreis. Elfriede Jelinek, die am 20. Oktober 1946 in der Steiermark auf die Welt kam, gilt als eine der Großen unter den zeitgenössischen deutschsprachigen Autoren.

Von ihr stammt z. B. der Roman „Die Klavierspielerin", der 2001 auch verfilm wurde. Mit ihren gesellschaftskritischen Werken, in denen sie gerne Missstände in der Politik und dem öffentlichen Leben in Österreich aufzeigt, rief sie beispielsweise bei Jörg Haider und der FPÖ großen Unmut hervor.

1.4 Winterkinder

1876 wird Konrad Adenauer geboren

Am 5. Januar erblickte der erste Kanzler der Bundesrepublik Deutschland in Köln das Licht der Welt: Es ist der Geburtstag von Konrad Adenauer. Er war bereits 73 Jahre alt, als er mit einer Stimme Mehrheit – seiner eigenen – 1949 deutscher Kanzler wurde. 14 Jahre dauerte seine Amtszeit bis zum Rücktritt 1963. Den Wiederaufbau und die Integration Deutschlands in die westliche Staatengemeinschaft sah er als seine wichtigsten Aufgaben an.

Von Adenauer stammen die beiden simplify-Zitate: „Einfach denken ist eine Gabe Gottes. Einfach denken und einfach reden ist eine doppelte Gabe Gottes." Und: „Man muss die Dinge so tief sehen, dass sie einfach werden."

Der Allrounder: Ben Franklin

17. Januar 1706: Benjamin Franklin kam in Boston als 15. Spross eines Seifen- und Kerzenmachers zur Welt. Er entpuppte sich als Autodidakt, der sich sein Wissen durch Lesen aneignete, und war ein wahres Allround-Talent:

Er druckte und verlegte Bücher, schrieb selbst vor allem Essays (kurze Abhandlungen), philosophierte, war politisch tätig, experimentierte auf dem Gebiet der Elektrizität, liebte Musik, engagierte sich für das Gemeinwesen und vieles mehr.

Mitte des 18. Jahrhunderts erfand er den Blitzableiter. Franklin war der Erste, der auf die Idee kam, eine Leihbibliothek einzurichten.

1775 saß er mit in dem Gremium, das die amerikanische Unabhängigkeitserklärung verfasste.

Das sind nur einige Beispiele dessen, was er in seinen 84 Lebensjahren bis zum Tod 1790 geschaffen hat.

Nach ihm die Republik

Der letzte Kaiser von China, Pu Yi, kam am 7. Februar 1906 auf die Welt. Nur zwei Jahre und neun Monate später „bestieg" er den kaiserlichen Thron, seinen Vater als Prinzregenten neben sich.

Das Ende der mehr als 2.000-jährigen Kaiserzeit und der mandschurischen Qing-Dynastie, der Pu Yi angehörte, ließ jedoch nicht lange auf sich warten: Im Alter von sechs Jahren, am 12. Februar 1912, musste Pu Yi als Kaiser abdanken.

Revolutionäre hatten bereits am 1. Januar 1912 die Republik China ausgerufen. Mit elf Jahren belebte man Pu Yi 1917 für knapp zwei Wochen wieder als Herrscher – ein Zeichen für die Unruhe im Land. Später, von 1934 bis 1945, war Pu Yi Kaiser von Mandschuko, einem Staat in der Mandschurei, der unter japanischer Kontrolle stand und 1945 wieder an China zurückging.

1967 starb Pu Yi an Krebs.

2. Politik & Geschichte

2.1 Wissenswertes aus Deutschland

Woher kommt unsere Nationalflagge?

Die Versammlung des Deutschen Bundes (der lose Zusammenschluss deutscher Einzelstaaten von 1815–1866) legte im März 1848 die Kombination „schwarz-rot-gold“ als Bundesfarben fest.

Ihren ersten Auftritt hatten die drei Farben schon ein paar Jahre zuvor: Sie standen 1832 bei der großen politischen Kundgebung auf dem „Hambacher Fest“ in der Pfalz für ein freies, liberales und demokratisches Deutschland. Die Bevölkerung war damals unglücklich mit der Verwaltung durch Bayern. Rund 30.000 Menschen zogen mit wehenden, schwarz-rot-goldenen Fahnen auf das Hambacher Schloss. Sie forderten Freiheit, mehr Bürgerrechte und ein vereintes Deutschland ein.

Später änderten sich die Farben mehrmals, bis schwarz-rot-gold ab den Jahren 1948/49 wieder die Nationalflaggen für die Bundesrepublik Deutschland und die Deutsche Demokratische Republik zierte. Das blieb auch nach der Deutschen Wiedervereinigung so.

Deutsches Reich gegründet

Der 18. Januar 1871 war der geeignete Tag, um das Deutsche Kaiserreich auszurufen und den Preußenkönig Wilhelm I. zum Kaiser zu machen. Den 18. hatten sich die Preußen eigens für dieses denkwürdige Ereignis, das im Spiegelsaal von Versailles stattfand, ausgesucht: Genau 170 Jahre zuvor wurde Preußen zum selbstständigen Königreich erhoben.

Mit der Gründung des Kaiserreiches 1871 gelang es, Deutschlands Fürstentümer und Königreiche unter preußischer Führung zu vereinen. Wichtiger Drahtzieher des neuen Nationalstaates und erster Kanzler war Otto von Bismarck.

Widerständler hingerichtet

Sie widersetzten sich dem Zweiten Weltkrieg und den Verbrechen der Nationalsozialisten. Hans und Sophie Scholl sowie andere Widerständler der Gruppe „Weiße Rose“ griffen vor allem in ihren 6 Flugblättern das Nazi-Regime offen an – dafür mussten die Geschwister bezahlen: Die Gestapo kam ihnen am 18. Februar auf die Spur und verhaftete sie. Noch am Tag ihrer Verurteilung, am 22. Februar 1943, wurden sie und Christoph Probst in München hingerichtet. Drei weitere Mitglieder der „Weiße Rose“ wurden ebenfalls 1943 enthauptet.

Der „Nero-Befehl“

Zweiter Weltkrieg, 19. März 1945: Der deutsche Reichskanzler Adolf Hitler gab den „Nero-Befehl“ – Sachwerte, Infrastruktur und Industrieanlagen sollten zerstört werden. Im Fall der drohenden Niederlage sollten die alliierten Feinde nichts Brauchbares mehr vorfinden.

Schon vorher forderte er, die Kriegstaktik der „verbrannten Erde“ anzuwenden, bei der alles zu zerstören ist, was dem Gegner von Nutzen sein könnte: Brücken, Straßen, Fahrzeuge, ganze Städte. Einige befolgten Hitlers Anweisungen 1945 nicht, weshalb der Befehl nicht ganz so vernichtend war wie vorgesehen. Er trägt den Namen des römischen Kaisers Nero, weil dieser im Jahr 64 den zerstörerischen Großbrand in Rom veranlasst haben soll.

Marshallplan hilft Deutschland

Vier Jahre nach dem Ende des Zweiten Weltkriegs entschied sich Deutschland, an dem Wiederaufbauprogramm für Europa teilzunehmen. Daher unterzeichnete am 15.12.1949 der erste Bundeskanzler Konrad Adenauer den so genannten Marshallplan, der auf den US-amerikanischen Außenminister George C. Marshall zurückgeht.

Die westliche Bundesrepublik erhielt nach Großbritannien durch den Marshallplan die zweitgrößten Finanzmittel zum Wiederaufbau. Sachlieferungen und Kredite an die europäischen Partnerländer der USA waren Bestandteil des Plans, für den Marshall 1953 auch den Friedensnobelpreis erhielt.

Der Bundestag wird aufgelöst

Als Alt-Bundeskanzler Gerhard Schröder im Juni 2005 im Bundestag die Vertrauensfrage stellte, erinnerten sich viele an die Ereignisse vor einigen Jahren. Auch Kanzler Helmut Kohl hatte im Dezember 1982 die Vertrauensfrage gestellt. Kohl wurde damals nicht durch eine Wahl Kanzler, sondern direkt vom Parlament als Nachfolger von Helmut Schmidt bestimmt.

Dieser wurde zuvor durch ein konstruktives Misstrauensvotum gestürzt, das keine Neuwahlen vorsah. Eigentlich strebten damals aber alle Neuwahlen an. Kohls Lösung: Er stellte die Vertrauensfrage. Da die Opposition und seine eigene Fraktion ihm das Vertrauen nicht schenkten, kam es am 7. Januar 1983 zur Auflösung des Bundestags durch den Bundespräsidenten Karl Carstens.

Am 6. März gab es Neuwahlen und Helmut Kohl blieb bis 1998 Bundeskanzler.

2.2 EU & Internationales

Warum gibt es die NATO?

NATO steht für „North Atlantic Treaty Organization“, zu Deutsch: Nordatlantische Vertragsgemeinschaft. Ihre Mitgliedstaaten bleiben souverän (unabhängig und selbstbestimmt). Sie wurde am 4. April 1949 als westlicher Verteidigungspakt gegen das Bündnis osteuropäischer Staaten gegründet. Die NATO ist einerseits militärisch, andererseits politisch und zivil organisiert. Wird einer der Mitgliedstaaten militärisch angegriffen, gilt das als Angriff auf alle – der Vertrag sieht die kollektive Verteidigung vor. Außerdem streben die Länder eine ständige Kooperation in Politik, Wirtschaft und Kultur an. Die wichtigste Aufgabe der NATO ist es, Konflikten vorzubeugen, sie zu bewältigen und international Frieden zu sichern. Sie wirkt mittlerweile z. B. in Ex-Jugoslawien oder in Afghanistan.

An der Spitze des Bündnisses steht der NATO-Rat mit Sitz in Brüssel.

Humanitäres Völkerrecht und Genfer Konventionen

Humanitäres Völkerrecht fasst Sonderrechte zusammen, die in bewaffneten Konflikten zum Tragen kommen. Es regelt z. B. Methoden der Kriegsführung und den Umgang mit Gefangenen. Die Genfer Konventionen sind wesentlicher Teil des Humanitären Völkerrechts und gibt es in ihrer heutigen Form seit dem 12. August 1949.

Der Gedanke hinter den Genfer Konventionen ist es, selbst in Zeiten des Krieges menschlich zu sein und geht auf den Schweizer Geschäftsmann Henry Dunant (1828–1910) zurück, der 1859 bei einer Reise nach Italien das Ausmaß einer blutigen Schlacht bei Solferino miterleben mussre.

Die vier Genfer Abkommen und ihre Zusatzbestimmungen gelten heute noch; fast alle Staaten der Welt erkennen sie an: Abkommen I will das Los der Verwundeten und Kranken der bewaffneten Kräfte im Felde verbessern, in Abkommen II geht es um das Los der Verwundeten, Kranken und Schiffbrüchigen der bewaffneten Kräfte zur See.

Das Abkommen III betrifft die Behandlung der Kriegsgefangenen, Abkommen IV den Schutz von Zivilpersonen in Kriegszeiten.

Wer steckt hinter den ISAF-Truppen?

ISAF steht für „International Security Assistance Force" – das ist die internationale Schutztruppe zur Unterstützung der Sicherheit in Afghanistan. Sie steht nicht unter dem Kommando der Vereinten Nationen, der UN-Sicherheitsrat hat sie jedoch genehmigt.

Zurzeit sind 37 Länder freiwillig und selbstfinanziert an den militärischen Einsätzen beteiligt. Darunter auch die 26 NATO-Staaten. Der NATO fällt seit einigen Jahren eine führende und stark unterstützende Rolle zu, weshalb Sie in den Medien mal von ISAF-, mal von NATO-Truppen hören. Fast 20.000 Soldaten sind in Afghanistan, um zu gewährleisten, dass die Staatsorgane sowie andere

Hilfsinstitutionen ihre Wiederaufbau-Arbeit leisten können. Deutschland ist mit mehreren tausend Soldaten besonders stark vertreten.

Wer macht was in der EU?

Eine Gruppe Staats- und Regierungschefs legte am 25. März 1957 den Grundstein für die heutige Europäische Union (EU): Sie unterzeichnete in Rom zwei Abkommen, die so genannten Römischen Verträge. Ihr Ziel: Den Menschen sollte es durch die Zusammenarbeit der Länder besser gehen. Aber wer macht eigentlich was in der EU?

Das **Europäische Parlament** ist die Volksvertretung in der EU. Dort sitzen 732 von EU-Bürgern gewählte Vertreter aus den Mitgliedsstaaten. Neben dem Beschließen von Gesetzen berät und kontrolliert das EU-Parlament die Europäische Kommission. Es arbeitet in Straßburg, Brüssel und Luxemburg.

Der **Rat der Europäischen Union** (Ministerrat) ist der verantwortliche Gesetzgeber der EU. In ihm sitzen 25 Fachminister aus den nationalen Regierungen. Je nach Aufgabe kommen verschiedene Minister rund 80-mal pro Jahr in Brüssel zusammen. Der Rat entscheidet mit dem Parlament über Gesetze und verabschiedet mit ihm den EU-Haushalt.

Die **Europäische Kommission** ist die „Regierung“ der EU und Hüterin der Gemeinschaftsinteressen. Ihre 25 Kommissare sind nur für die EU zuständig und tagen jede Woche in Brüssel; rund 25.000 Menschen arbeiten für die Kommission. Sie schlägt Gesetze vor, über die Ministerrat und Parlament entscheiden, und kontrolliert, ob EU-Verträge eingehalten und -Richtlinien umgesetzt werden. Sie verwaltet außerdem den EU- Haushalt.

2.3 Weitere Ereignisse, die Geschichte machten

Der Gang nach Canossa

Dramatische Züge nahm vor über 900 Jahren der Streit um die Amtseinsetzung von geistlichen Würdenträgern (Investiturstreit) zwischen der weltlichen und der kirchlichen Macht an: Papst Gregor VII. belegte Heinrich IV., König des Heiligen Römischen Reiches, mit dem Kirchenbann.

Der König hatte ihn provoziert, indem er einen mit dem Bann belegten Erzbischof eingesetzt hatte und später auch weitere Bischöfe einberief. Außerdem hatte Heinrich IV. dem Papst in einem Brief befohlen, sein Amt niederzulegen - als König zweifle er an dessen rechtmäßiger Ernennung, weil er bei der Papstwahl nicht gefragt worden war. Die Antwort Georgs VII. kam prompt und wurde am 14. Februar 1076 verlesen: Darin untersagte der Papst Heinrich IV. die Herrschaft über das Deutsche Reich und Italien und belegte ihn mit dem Kirchenbann. Diesem folgte die Exkommunikation - die Ausgrenzung des Betroffenen aus der Kirchengemeinde.

Heinrich IV. konnte sich jedoch im Januar 1077 von seinem Bann befreien: Er machte sich auf zum Papst nach Italien. Dieser hatte sich auf die Burg Canossa zurückgezogen, um dem König nicht begegnen zu müssen. Letzterer erfuhr davon und trat voller Buße in Canossa auf, woraufhin der Papst seinen Bann löste.

Die „Goldene Bulle“ von Nürnberg

Mit einem Tier hat die hier verstandene „Bulle“ nichts gemeinsam. „Bulla“ - lateinisch - ist eine Kapsel. Als „Goldene Bulle“ galten im Spätmittelalter kaiserliche Urkunden, deren Wachssiegel von einer Kapsel aus Gold umschlossen wurden. Es gab also mehrere solcher Dokumente. Herausragende Bedeutung erlangte aber die „Goldene Bulle“, deren erster Teil Kaiser Karl IV. am 10. Januar 1356 in Nürnberg als Grundgesetz des Heiligen Römischen Reiches Deutscher Nation verabschiedete. Es festigte die Stellung der Kurfürsten und regelte unter anderem, dass diese das alleinige Recht zur Wahl des Königs besitzen sollten.

Fast ein halbes Jahrtausend, bis zum Ende des Heiligen Römischen Reiches 1806, behielt die „Goldene Bulle“ Gültigkeit.

Der Weltkrieg vor dem Ersten Weltkrieg

Wussten Sie, dass sich der Erste Weltkrieg genau genommen schon 1756–1763 abspielte? Er hieß zwar nicht so, sondern „Siebenjähriger Krieg“ oder „Dritter Schlesischer Krieg“. Aber als die europäischen Großmächte damals aneinandergerieten, waren mit Kriegsschauplätzen in Mitteleuropa, Nordamerika, der Karibik und Indien im Prinzip die Ausmaße eines Weltkriegs gegeben.

Es kämpften: Preußen und Großbritannien gegen Österreich, Frankreich und Russland. Neu war, dass Großbritannien mit Preußen kooperierte - denn zuvor waren die Inselbewohner Österreich wohlgesonnen. Sie wechselten die Seiten, als sich Österreich mit ihrem Kolonie-Rivalen Frankreich verbündete.

Auslöser des Siebenjährigen Krieges war der Preußen-König Friedrich der Große (1712–1786). Sein Land hatte 1748 den Österreichern Schlesien strittig gemacht; diese wollten es wieder zurück. Als Friedrich der Große mitbekam, dass sich sein Erzfeind mit Franzosen, Russen und Sachsen zusammengeschlossen hatte, fiel er am 29. August 1756 ohne Vorwarnung mit seinen Truppen in Sachsen ein. So konnten ihm die anderen nicht zuvorkommen.

Neben dem Kampf um Schlesien bekriegten sich England und Frankreich in den folgenden sieben Jahren um die Vorherrschaft in den Kolonien Indiens und Nordamerikas.

Die Kriegsbilanz 1763: Preußen ging als Großmacht hervor, Frankreich verlor Kolonialgebiete, England baute seine Machtposition aus und Österreich musste Schlesien weiter Preußen überlassen.

Nach dem Thron auch die Macht

Der französische König Ludwig XIV., bekannt als „Sonnenkönig“, stieg bereits mit 4 Jahren auf den Thron. Weil er damit zu jung war, um Regierungsgeschäfte zu führen, vertrat ihn seine Mutter beziehungsweise der Premierminister Kardinal Mazarin. Dieser unterrichtete Ludwig XIV. auch in allem, was das Regieren betraf. So war der Sonnenkönig mit 22 Jahren bestens ausgebildet, als Mazarin am 9. März 1661 starb.

Von da an wollte Ludwig XIV. alleine herrschen – „L'État c'est moi“, lautete sein berühmter Ausspruch: „Der Staat bin ich“.

Unter Ludwigs Machteinfluss ab 1661 blühten Wirtschaft und Kultur auf und Frankreich errang durch seine unermüdliche Außenpolitik die Vormachtstellung in Europa. Seine insgesamt 72-jährige Amtszeit war die längste eines Monarchen der Neuzeit.

Ludwig XIV. starb 1715.

Widerständler werfen mit Tee

Tee gehört zwar eigentlich in heißes Wasser, am 16. Dezember 1773 landete er aber massenweise im kühlen Nass des Bostoner Hafenbeckens: Bostoner Bürger beförderten mehr als 40 Tonnen Tee der britischen „East India Company“ vom Schiff direkt ins Wasser.

Bekannt wurde die Aktion damals als „Boston Tea Party“. Sie legte den Grundstein für die Unabhängigkeitsbewegung der britischen Kolonien in Nordamerika gegenüber dem Mutterland Großbritannien. Dieses erhob Steuern auf alle möglichen Alltagsprodukte, wie Papier, Stoff, Tee und Zucker, was den Einwanderern in den Kolonien gar nicht gefiel. Die Teesteuer wollten die Briten bis zuletzt nicht abschaffen. Weil das Getränk quer durch alle Schichten beliebt war, führte die unbeliebte Kolonialpolitik schließlich zum besagten Widerstand.

Frauen dürfen wählen

Um den Jahrhundertwechsel vom 18. auf das 19. rumorte es ganz schön in Europa und den USA: Frauen verbündeten sich vielerorts, um ihre Rechte auf politische Gleichberechtigung einzufordern.

In Deutschland setzte sich eine Frauenbewegung für mehr Bildung und gleiche Chancen im Beruf ein, eine andere für die Gleichstellung der Frau in allen Bereichen, dazu zählte auch das Stimmrecht bei Wahlen.

Dieser Kampf sollte einige Jahre dauern: Im November 1918 wurde das Frauenwahlrecht in der Weimarer Verfassung erstmals gesetzlich festgelegt. Zur nächsten darauf folgenden Wahl zur Deutschen Nationalversammlung am 19. Januar 1919 durften Frauen erstmals ihre Stimme abgeben: Mehr als 80 Prozent der weiblichen Wahlberechtigten machten von ihrem Recht Gebrauch.

Mord an Abraham Lincoln

Er war der erste Präsident der USA, der einem Attentat zum Opfer fiel: Abraham Lincoln, geboren am 12. Februar 1809. Sein Amt als 16. US-Präsident hatte er 1860 angetreten; 1864 wurde er wiedergewählt.

Nur ein Jahr später schoss ein Attentäter am Abend des 14. April 1865 auf Lincoln, der am Morgen darauf an seinen Kopfverletzungen starb.

In den vier Jahren davor führte Lincoln den Bürgerkrieg der Nord- gegen die Südstaaten, um die Union der Vereinigten Staaten wiederherzustellen. Die sklavenhaltenden Südstaaten sahen ihre Interessen unvereinbar mit der Union und hatten sich 1860/61 von ihr losgelöst. Lincoln gelang es, das Auseinanderbrechen der Union zu verhindern und die Befreiung der Sklaven durchzusetzen. Erst wenige Tage vor seinem Tod hatte er das Ende des Krieges verkündet.

Im Übrigen kam Abraham Lincoln aus ärmeren Verhältnissen, hatte kaum eine Schule besucht und sich sein Wissen durch Lesen selbst angeeignet.

3. Gesellschaft & Lebensart

3.1 Feste, Bräuche & (Aber-)glauben

Erster Kölner Zug am Rosenmontag

Der Karneval hat im Rheinland eine lange Tradition – ganz besonders in den katholisch geprägten Regionen, zu denen auch die Stadt Köln gehört. Dort ist das Feiern vor der österlichen Fastenzeit schon seit 700 Jahren angesagt.

Noch jung dagegen ist der organisierte Rosenmontagszug in der Stadt am Rhein: Dieser fand zum ersten Mal 1823, am 10. Februar, statt. Sein Motto: die Thronbesteigung des Helden Carneval. Das Wetter: nasskalt mit Nieselregen.

Mittlerweile hat der Zugweg durch die Kölner Innenstadt eine Länge von mehr als sechs Kilometer erreicht. Der Umzug selbst ist oft länger: Die ersten Gruppen sind schon am Ende des Zugwegs, während die letzten noch nicht gestartet sind.

Freitag der 13. – ein (fast) ganz normaler Tag

Leiden Sie unter Triskaidekaphobie? Dann haben Sie Furcht (griechisch: „phobos“) vor der Zahl dreizehn (griechisch: „triskaideka“).

Betrachtet man Freitag den 13. emotionslos, unterscheidet er sich nicht von anderen Monatstagen. Tatsache ist jedoch: Der 13. Tag eines Monats fällt häufiger auf den Freitag als auf andere Wochentage. Das hängt mit unserem (gregorianischen) Kalender zusammen. Nach einer Zeitspanne von 400 Jahren haben wir gemessen an einem bestimmten Tag genau denselben Wochen- und Monatstag. Wegen diesem sich immer wiederholenden Zeitraum ist es nicht möglich, dass Tage gleich oft an der Reihe sind. Den 13. eines Monats haben wir in 400 Jahren 4.800 Mal, er fällt in dieser Zeit 688 Mal auf einen Freitag. Der Spitzenreiter ist gefolgt von Sonntag und Mittwoch – beide überlagern sich 687 Mal mit einem 13. Schlusslichter unter den Unglückstagen sind Donnerstag und Samstag, die nur 684 Mal auf den 13. fallen.

April, April!

Auf fast jedem Kontinent der Welt nutzen Menschen den 1. April, um ihre Zeitgenossen hereinzulegen – in Deutschland schon seit 400 Jahren. Es ist nicht bekannt, woher der Aprilscherz kommt.

Hier 3 Möglichkeiten: König Karl IX. aus Frankreich hat 1564 das Neujahrsfest vom 1. April auf den 1. Januar verlegt. Wer doch im April feierte, wurde verspottet.

Oder: Im alten Rom soll es am 1. April ein Narrenfest zu Ehren der Göttin Venus gegeben haben.

Auch in Indien, wo der Aprilscherz ebenfalls bekannt ist, gibt es am 1. April das Holifest, bei dem Narren den Winter austreiben.

Was ist die Karwoche?

Das Osterfest schließt neben dem Tag der Auferstehung gleich die ganze Karwoche mit ein. Kara aus dem Althochdeutschen bedeutet Klage, Trauer. Diese Klagewoche verbindet folgende vier Tage: den Ankunftstag Jesu in Jerusalem = Palmsonntag, den Tag des letzten Abendmahls = Gründonnerstag („grün“ von greinen), den Tag der Kreuzigung = Karfreitag und den Tag der Grabesruhe = Karsamstag. An Ostersonntag war die Auferstehung.

Weg mit der Wäsche, wenn Hexen kommen!

Haben Sie in den 1. Mai getanzt? Dann sind Sie einem alten Brauch gefolgt. Die Mainacht ist die Nacht vor dem Fest der aus England kommenden Missionshelferin Waldburga (Walpurgis), die am 1. Mai heiliggesprochen wurde. Daher der Name Walpurgisnacht. Sie – so nahm man an – soll die Menschen vor den Hexen geschützt haben. Diese feierten angeblich in dieser Nacht auf dem Blocksberg ein Fest, auf dem sie den „gehörnten Gott" bzw. den Teufel erwarteten. Die Hexen und ihr Zauber auf die Menschen, das Vieh und den Acker waren gefürchtet und mussten deshalb mit allerlei Bräuchen abgewehrt werden.

Wussten Sie, dass nach dem Aberglauben in dieser Nacht keine Wäsche draußen auf der Leine hängen sollte? Kleidung ist eng mit dem Menschen verbunden, sie gilt als seine zweite Haut. Gerade wenn Hexen ihr Unwesen treiben, soll es Unglück bringen, Wäsche zum Trocknen aufzuhängen. Über die Kleidung übertrage sich die böse Zauberkraft der Hexe auf den Menschen – das könnte unerwünschte Folgen haben, so der Aberglaube.

Was am 1. Mai alles passiert ...

Schon fast volksfestartig begehen viele Menschen die Nacht vom 30. April auf den 1. Mai. Wir haben vier typische Bräuche für Sie ausgesucht.

Den Maibaum aufstellen: Am 1. Mai steht er aufrecht auf dem Dorf- oder Festplatz – als Symbol für Fruchtbarkeit und zur Abwehr von bösen Kräften. Häufig werden um den Maibaum spielerisch und tänzerisch Kämpfe zwischen Winter und Frühling ausgetragen.

Den Brauch soll es in Mitteleuropa seit fast 800 Jahren geben. Bevor der Baum steht, müssen ihn die Bewohner noch schlagen, seinen Stamm schälen und aufrichten; dafür gibt es oft ein festes Ritual.

Der Liebsten einen „Maibuschen" bringen: Dieser Brauch versetzt die Mädchen in gespannte Erwartung: Sie hoffen, dass ein junger Mann ihnen über Nacht mit einem kleinen Bäumchen oder grünen Zweig seine Zuneigung bewiesen hat. Umso größer ist die Freude, wenn am Morgen des 1. Mai tatsächlich etwas Grünes vor der Tür oder dem Fenster steht. Mancherorts gibt es für verliebte Männer den „Maibuschen" gratis, damit sie nicht in Vorgärten oder Baumschulen wildern.

Das Vieh auf die Weide treiben: Früher veranstalteten Bauern in manchen Regionen am 1. Mai das „Bullenstoßen". Sie ließen ihre Bullen gegeneinander kämpfen, nachdem sie das Vieh auf die Weide getrieben hatten. Gefeiert wurde dann natürlich auch.

Maibowle trinken: Wein, mit aromatischem Waldmeister angesetzt, ergibt die Maibowle, die zum 1. Mai gerne getrunken wird. Übrigens ist es sehr wahrscheinlich, dass der Waldmeister seinen Namen nicht vom Wuchsort „Wald" hat, sondern von dem Franzosen Walter Agilon. Der fertigte daraus eine Arznei. Diese hieß übersetzt „Kraut des Meister Walter" oder mittelhochdeutsch schlicht „Waltmeister".

Was ist dran an Vampiren?

Historiker und Mediziner versuchen schon seit Jahren herauszufinden, warum es vor allem in Südosteuropa, aber auch in anderen Teilen der Welt zu einem Vampirglauben gekommen ist. Transsilvanien, das Land, aus dem die Vampire kommen sollen, ist nichts anderes als Siebenbürgen – eine Region mitten in Rumänien. Bevorzugt dort schoben die Menschen Krankheiten oder Missernten auf Tote zurück, die im Grab keine Ruhe finden konnten und ihr Unwesen trieben. So verschieden die Schauplätze für Vampire, so unterschiedlich sind ihre Eigenschaften: ob blutsaugend oder einfach nur untot; ob lichtempfindlich und nachtaktiv; ob durch Knoblauch zu vertreiben oder durch einen Pfahl ins Herz zu töten.

Nun zur Wissenschaft: Ein Neurologe, Juan Gomez-Alonso, meint, der Vampirglaube rühre von einer Tollwutepidemie auf dem Balkan vor 500 Jahren her. Tollwütige Menschen bewegten sich hölzern, seien geruchs- und lichtempfindlich, beißwütig und bisweilen aggressiv. Ein Kanadier stellte vor Jahren die These auf, „Vampire" litten an einer Stoffwechselkrankheit, bei der das Trinken von Blut einen positiven Effekt hätte. Das klingt zwar beides plausibel – erklärt aber nicht all das, was den Vampir angeblich ausmacht. Es bleibt also doch ein Volksglaube ...

Warum ist das Herz Symbol für die Liebe?

Die Geschichte des Herzens als Symbol beginnt rund 5.000 Jahre vor unserer Zeit: Damals brannten Töpfer Gefäße, geschmückt mit stilisierten Feigenblättern. Stilisiert bedeutet, dass sie die natürliche Vorlage, das Blatt, in ein einfaches Muster übersetzten. Die herzförmige Frucht des Feigenbaumes stand in vielen Kulturen für die Liebe und Geschlechtervereinigung. Auch die alten Griechen und Römer dekorierten Gegenstände und Gemälde mit herzförmigen Feigen-, Efeublättern oder Weintrauben. Ein Efeublatt symbolisierte früher ebenfalls ewige Liebe. Nach diesen antiken Vorbildern verwendeten Buchmaler und Künstler im Hochmittelalter die Herzform, um Liebe zwischen Menschen oder Hingabe darzustellen. Sie nutzten dafür irgendwann die Farbe Rot in Anlehnung an das Blut – es stand für Leben, Liebe, Glück und Wohlbefinden.

Besonders die katholische Kirche fand Gefallen an dem Symbol des Herzens, weshalb es in der religiösen Kunst auch immer wieder auftaucht. Außerdem wurde das rote Herz in Europa dadurch bekannter, dass es ab Ende des 15. Jh. auf Spielkarten zu finden war. Von Europa aus breitete sich das Symbol weltweit aus. Letzten Endes hatte das ehemalige Pflanzenherz so an Bedeutung gewonnen, dass es auch prima das menschliche Organ symbolisieren konnte: Denn dort sind für viele Menschen die Seele, die Güte und die Liebe zuhause ...

3.2 Hätten Sie's gewusst? – Alltagsfragen

Wie funktioniert eine Kerze?

Kerzen, die vor allem in der kalten Jahreszeit Hochkonjunktur haben, sind sehr gute Selbstversorger: Einmal angezündet, saugt der Kerzendocht das durch Hitze flüssig gewordene Wachs auf. Das zieht am Docht nach oben und verdampft zu einem Gas. Dieses verbindet sich wiederum am Außenrand der Flamme mit Luft-Sauerstoff und verbrennt. Dabei bilden sich kleine Rußpartikel, die nach und nach hell verglühen. Daraus ergibt sich der hellgelbe Teil der Flamme. Die Wärme, die die Flamme erzeugt, erhält die Selbstversorgung der Kerze aufrecht: Flüssiges Wachs fließt in Richtung Docht immer nach und bildet neues Brennmaterial. Kerzenwachs gibt es also chemisch gesehen in drei Aggregatzuständen (Erscheinungsformen): fest als Kerzenmasse, flüssig um den Docht herum und gasförmig in der Flamme.

Warum das Taxi Taxi heißt

Im Jahr 1516, als in Bayern das Reinheitsgebot für Bier erlassen wurde, stellte Franz von Taxis die erste regelmäßige, verlässliche Postverbindung von Wien nach Brüssel her. Damals brachten übrigens keine Langstreckenläufer, sondern reitende Boten die Post auf den Weg. Auch die Nachkommen des Fürstengeschlechts von Thurn und Taxis waren Postmeister. Es liegt nahe, den Ursprung des Namens Taxi in eben dieser Postunternehmer-Familie zu suchen. Denn auch Personen wurden später von einem Ort zum anderen gebracht.

Aber: Das Taxi stammt von dem lateinischen Wort taxa ab. Das Verb taxare bedeutet: feststellen oder schätzen, welchen Wert eine Sache hat. Als taxa mit dem Wort Meter verknüpft wurde, entstand der Taxameter, der den Fahrpreis einer Droschke maß. In Frankreich hieß der Gebührenzähler taximètre, in England taximeter. Hierzulande setzte sich irgendwann die Kurzform Taxi durch.

Wer steckt hinter „Stiftung Warentest“?

In Zeiten des Wirtschaftswunders erfüllten sich viele Menschen den Wunsch nach ihrer ersten Wasch- oder Nähmaschine. Bei der wachsenden Produktvielfalt fiel es nicht leicht, sich für das richtige oder gar beste Produkt zu entscheiden.

Ein neutrales Wareninstitut sollte den Verbraucher unterstützen, ihm Qualitäts- und Preisunterschiede aufzeigen. Die Bundesregierung hatte sich schon 14 Jahre mit dem Thema beschäftigt, bis sie im September 1964 den ersten Beschluss zur Gründung der Stiftung Warentest traf – mit der Bundesrepublik Deutschland als Stifterin. 1966 erschien dann das erste „Test“-Heft. Bis heute testete die unabhängige Verbraucherschutzorganisation über 70.000 Produkte.

Wieso lockt sich das Haar?

Das ist eine Frage der Struktur und des Querschnitts: Das Haar besteht aus Hornfäden, deren Hauptbestandteil das Eiweiß Keratin ist. Es wirkt wie eine Art Gerüst, das für Stabilität und Form sorgt. Eine Menge kleinster Keratinfasern bilden im Innern des Haars eine Faserschicht, die von einer äußeren Schuppenschicht aus flachen, übereinanderliegenden Zellen umgeben ist. Nun gibt es in der inneren Schicht sowohl kompakte als auch elastischere Fasern. Bei lockigen Haaren sind beide Arten vertreten, weshalb es dazu neigt, sich zu kringeln. Bei glatten Haaren gibt es mehr von der kompakten Sorte und das Haar streckt sich.

Wie sehr sich Haare winden, hängt darüber hinaus stark mit ihrer Form, dem Haarquerschnitt, zusammen: Bei glattem Haar ist dieser rund, bei welligem auch mal leicht oval, bei krausem Haar ist der Querschnitt ausgeprägt ellipsenförmig. Dadurch steht es unter gewisser Spannung und bildet Locken aus.

Wieso hat man einen „Kater“?

Mit der männlichen Katze hat es erst einmal nichts zu tun, wenn sich nach einem Alkoholrausch der so genannte „Kater“ einstellt. Leipziger Studenten haben sich im 19. Jh. diese Bezeichnung einfallen lassen – als scherzhafte Ableitung des Wortes Katarrh. Dies bezeichnet in der Medizin eine Entzündung der Schleimhäute und Atemwege, von griechisch katarrhein = runterfließen.

Beim Kater nach Alkoholgenuss ist der Mensch weder körperlich noch geistig besonders fit. Das ist zum Teil auf eine Unterzuckerung des Organismus zurückzuführen. Normalerweise kann die Leber Traubenzucker selbst neu bilden, wenn dieser benötigt wird. Nicht aber, wenn sie vorrangig mit dem Abbau von Alkohol zu kämpfen hat.

Der echte, tierische Kater ist allerdings doch nicht allzu weit vom Rausch nach durchzechter Nacht entfernt: Schon mit dem Wort Katzenjammer bezeichneten Studenten früher das Unwohlsein nach dem Genuss von Alkohol.

Warum vergeht im Alter die Zeit schneller?

Je älter wir werden, desto schneller verfliegen Stunden, Tage, Monate und Jahre. Der Grund: Während Sie als Kind noch jede Menge Erlebnisse in sich aufsaugen, weil so vieles neu für Sie ist, läuft mit zunehmendem Alter alles routinierter ab. Vieles lohnt sich gar nicht mehr, als neuen Eindruck abzuspeichern. Die wenigen herausragenden Erlebnisse, die sich Ihnen einprägen, erscheinen dann rückblickend wie im Zeitraffer.

Außerdem sinkt im Alter die Körpertemperatur, weil die Stoffwechseltätigkeit nachlässt. Das hat Einfluss auf das Zeitgefühl. Sie kennen das: Am Morgen – dann haben Sie in der Regel eine niedrigere Temperatur – vergeht die Zeit meist schneller als am Nachmittag. Denselben Effekt haben Sie beim Älterwerden. Haben Sie dagegen erhöhte Körpertemperatur, z. B. bei Fieber, will die Zeit gar nicht vergehen.

Woher kommt der Winter-Blues?

Viele Menschen klagen in den Wintermonaten über schlechte Laune und Müdigkeit. Gleichzeitig haben sie einen Heißhunger auf

Süßes. Ganz klar: Sie haben den Winter-Blues, auch saisonal abhängige Depression (SAD) genannt. Schuld ist das wenige natürliche Licht, das wir im Winter abbekommen, da die Tage ab September kürzer werden. Das bringt die Stimmungsmacher im Gehirn aus dem Gleichgewicht: Statt des Glücksbotenstoffes Serotonin produziert die Zirbeldrüse schon am Tag das Schlafhormon Melatonin.

3.000 bis 4.000 Lux Lichtintensität täglich sind notwendig, um das seelische Gleichgewicht zu halten. Lux ist die Einheit, in der die Beleuchtungsstärke gemessen wird; das Wort kommt aus dem Lateinischen und bedeutet „Licht".

Im Sommer fangen wir etwa 100.000 Lux auf, im Winter sind es im Freien nur noch 1.500 oder 500 in der Wohnung. Fotorezeptoren in der Augennetzhaut fangen das Licht ein und leiten es an die Zirbeldrüse weiter. Reicht das natürliche Licht nicht aus, sagt sich der Organismus also: Es ist dunkel, du kannst schlafen gehen. Kunstlicht hat übrigens denselben Effekt. Lediglich spezielle Vollspektrum-Lampen, die natürliches Licht nachbilden, können den Tag wieder erhellen – das nennt sich Lichttherapie.

Wer benennt Hoch- und Tiefdruckgebiete und warum?

Seit den 1990er-Jahren hören Sie in den Wetternachrichten immer häufiger von Druckgebieten mit Namen wie „Sibylle" oder „Bert". Dabei vergibt das Institut für Meteorologie an der Freien Universität Berlin schon seit über 50 Jahren Männer- und Frauennamen an Hoch- und Tiefdruckgebiete, die das Wetter in Europa beeinflussen. Allerdings schenkten die Medien dieser Praxis lange Zeit kaum Beachtung.

Das Meteorologische Institut in Berlin ist fast das einzige auf der Welt, das Namen vergibt. Nur der Wetterdienst der USA pflegt eine ähnliche Praxis. Und von ihm haben die Deutschen diese Idee auch übernommen. Der US-Wetterdienst hatte sich im Zweiten Weltkrieg angewöhnt, Taifunen im Pazifik einen Frauennamen zu geben – wahrscheinlich, weil sie ebenfalls für Wirbel und Unruhe sorgen können. Die Benennung ging nach alphabetischer Reihenfolge. So konnten die Meteorologen auf Wetterkarten mehrere Taifune problemlos kennzeichnen und auseinanderhalten. Mit Hurrikans verfuhren sie bald genauso.

Einer deutschen Meteorologin am Institut in Berlin, Dr. Karla Wege, gefiel die Idee, und so gab es ab 1954 auf Wetterkarten des Instituts für Tiefdruckgebiete weibliche Vornamen, für Hochdruckgebiete männliche – durch das ganze Alphabet. 1990, als viele Stürme über Deutschland tobten, nahm auch der Normalbürger die Namen wahr.

Seit 1999 gibt es deshalb auch keine strikte Trennung mehr in weibliche Tiefs und männliche Hochs – viele hatten sich über die Ungerechtigkeit beschwert. Jetzt vergibt das Institut im jährlichen Wechsel entweder Frauen- oder Männernamen für beide Druckgebiete.

3.3 Wissenswertes rund um den Sport

Als Fußball noch nicht populär war ...

Fußball-Weltmeisterschaften – ohne den DFB sicher undenkbar. Am 28. Januar 1900 in Leipzig gründeten 86 deutsche Fußballver-

eine den Deutschen Fußballbund, kurz DFB. Damals war Fußball zwar noch kein Volkssport, aber das Kräftemessen verschiedener Mannschaften gab es schon. Es lief jedoch noch nicht nach einheitlichen, für alle Spieler bekannten Regeln ab. So war es dann das erklärte Ziel des jungen DFB, diese für Deutschland festzulegen und Mannschaftsspiele zu organisieren. Zum 100-jährigen Geburtstag des DFB zählte der Bund 27.000 Vereine mit rund 6,3 Millionen aktiven und passiven Sportlern. Der DFB ist eines der größten Mitglieder im Fußball-Weltverband FIFA.

Die FIFA hat Geburtstag

FIFA – eine Abkürzung, die regelmäßig in aller Munde ist. Kein Wunder: Alle vier Jahre findet die FIFA-Weltmeisterschaft im Männerfußball statt. Vertreter aus sieben Fußballverbänden Europas (Schweiz, Dänemark, Frankreich, Niederlande, Belgien, Spanien und Schweden) gründeten am 21. Mai 1904 die „Fédération Internationale de Football Association", kurz FIFA. Dem internationalen Verband gehören mittlerweile rund 200 nationale Verbände an, die sich wiederum auf sechs Kontinentalverbände aufteilen. Die FIFA organisiert zum Beispiel die Fußball-Weltmeisterschaften sowie die olympischen Fußball-Wettbewerbe.

Was bedeuten die Olympischen Ringe?

Die fünf Ringe in gelb, blau, schwarz, grün und rot sind nicht nur stellvertretend für die fünf Kontinente Afrika, Amerika, Asien, Australien und Europa und ihre sportliche Verbundenheit. Pierre de Coubertin, der Ende des 19. Jahrhunderts die Olympischen Spiele wieder aufleben ließ, wollte Farben, von denen zumindest eine in jeder Nationalflagge vorkommt. So schließen die Ringe alle Völker ein.

3 Dinge über den Marathon

Stellen Sie sich vor es ist der Tag des Ironman-Triathlons – ein Wettkampf über 3,8 km Schwimmen, 180 km Rad fahren und 42,2 km Laufen. Wahnsinn, oder? Die Laufdistanz entspricht der eines Marathons – diese hat normalerweise genau 42,195 km. **Wussten Sie, dass ...**

... die Distanz von 42,195 km aus England kommt?

Läufer legen beim Marathon 42,195 km zurück – eine „krumme" Zahl. Laut der griechischen Legende entspreche das genau der Strecke von Marathon nach Athen. Bei den ersten Olympischen Spielen der Neuzeit galten jedoch knapp 40 Kilometer als Lauf-Distanz – so weit ist es von Marathon bis ins Olympia-Stadion von Athen. Das heutige Streckenmaß geht wahrscheinlich zurück auf das britische Königshaus. Dieses hat bei den Olympischen Spielen 1908 in London den Wunsch geäußert, den Marathon von der Ost-Terasse des Schlosses Windsor starten zu lassen. 42,195 km waren es von dort bis ins Londonder Stadion. Seit 1921 ist dies die offizielle Distanz im Marathon.

... die Geschichte des Marathons erfunden ist?

Mythos Marathon: Ein Kurier soll nach der gewonnenen Schlacht der Athener gegen die Perser 490 v. Chr. an seinem Zielort Athen tot umgefallen sein. Er kam aus Marathon, um die frohe Kunde zu überbringen, was er vor seinem Tod auch geschafft haben soll. Alles erdacht, sagen Historiker: Als der griechische Philosoph Plutarch das Ereignis aufschrieb, dichtete er den heldenhaften Tod einfach hinzu bzw. übernahm die zweifelhaften Aufzeichnungen eines anderen.

... Langstreckenlauf ein Ausbildungsberuf war?

Botenläufer gab es schon vor rund 3.000 Jahren. Bei schwierigem Gelände waren sie oft den berittenen Boten überlegen, um Nachrichten von A nach B zu bringen. Ein gut organisiertes Land hatte Läufer, die einander ablösten und so große Distanzen ohne Verzögerung überwindbar machten. Deutschland konnte diesen Läuferwechsel wegen seiner vielen Kleinstaaten nicht leisten. Deshalb mussten Einzelne oft mehrere hundert Kilometer zurücklegen. Das machte ihnen aber nichts aus: Sie wurden wie ein heutiges Taxi pro Meile entlohnt. Vor 400 Jahren entwickelte sich der Berufsstand der Vorläufer, die den Kutschen reisender Adliger vorweg liefen, um den Weg auszukundschaften. Wer Vorläufer werden wollte, hatte eine richtige Gesellenprüfung abzulegen.

„Wer wird Sieger?“

... ist beim Fußball glücklicherweise keine Frage über Leben und Tod. Bei der Mannschaftssportart, die bereits 1.500 v. Chr. in Mexiko zahlreiche Fans hatte, sah das vermutlich noch anders aus: Am Ende des Pelotaspiels soll eine der beiden teilnehmenden Mannschaften den Göttern geopfert worden sein. Die Historiker sind sich nicht einig, ob es sich dabei um das Gewinner- oder das Verliererteam gehandelt hat – schließlich galt der Opfertod als große Ehre, die demnach auch Siegern widerfahren sein könnte.

„Pelota“ war eine Gummikugel, die die Spieler nicht mit den

Füßen, sondern mit den Schultern, der Hüfte und den Ellbogen stießen. Das Einzige, was das Pelotaspiel mit dem heutigen Fußball gemein hat, ist neben dem runden Spielgerät die Tatsache, dass zwei Mannschaften gegeneinander antraten. Ziel des Spiels war es, den bis zu drei Kilo schweren Ball durch einen Ring zu schießen. Der Gummi durfte dabei aus religiösen Gründen nicht den Boden berühren, denn: Die Pelota stand für die auf- und untergehende Sonne.

Übrigens: In Mittelamerika (Mexiko) war Ballspielen Tradition. Die meisten Hochkulturen, so die Maya, Azteken oder Tolteken, besaßen einen ausgewiesenen Platz dafür – inklusive Zuschauerrang.

Die Schatten über der Tour de France

Vier Mal wurde bereits der Tod eines Radfahrers gemeldet: 1910 starb Adolpho Hillieri bei einem Badeunfall während eines Ruhetags. Francesco Cepeda erlag 1935 den Folgen eines Sturzes, Fabio Casartelli 1998. Tom Simpson starb – voll gepumpt mit Amphetaminen – im Jahr 1967 bei der Fahrt auf den Berg Mont Ventoux. Der Mont Ventoux ist neben dem Col du Tormalet und dem Col du Galibier der bekannteste Berg der Tour.

Doping ist immer wieder ein Thema bei der Tour de France – die Schwere der Skandale scheint sich von Mal zu Mal zu steigern. 2006 schieden kurz vor dem Start die Favoriten Jan Ullrich und Ivan Basso sowie weitere Fahrer wegen Dopingverdachts aus. Bereits in den 60er- und 70er-Jahren versuchten die Fahrer, mit Amphetaminen oder Alkohol ihre Leistungen zu steigern. Höhepunkt in den 1990er-Jahren war die Festina-Affäre 1998: Es kam ans Licht, dass das Spitzenteam des französischen Rennstalls Festina seine Radfahrer im großen Stil aufputschte.

4. Erfindungen

4.1 Technik

Das erste Automobil

Über 100 Jahre liegt es zurück, dass der deutsche Ingenieur Carl Friedrich Benz an einem 29. Januar das erste Patent für ein Fahrzeug erhielt, das mit einem Verbrennungsmotor angetrieben werden konnte.

Die Idee war nicht neu und viele arbeiteten damals an der Weiterentwicklung und zweckmäßigen Verwendung von Gasmotoren, wie z. B. Nicolaus Otto oder Gottlieb Daimler. Wegen des Patents ist es aber Carl Benz, dem man offiziell das erste Automobil zuschreibt. Sein rund ein PS starkes, dreirädriges Gefährt fuhr er im Juli 1886 erstmals der Öffentlichkeit vor. Begeistert zeigte sich diese jedoch nicht ...

Das Telefon

Samuel Morse erfand den Telegrafen, schickte am 24. Mai 1844 sein erstes Telegramm in Windeseile durch eine Stromleitung – und ebnete damit den Weg für das Telefon: Viele dachten einen Schritt weiter und tüftelten an der Sprachübermittlung mittels elektrischer Signale.

Alexander Graham Bell schaffte es 1876 schließlich, eine erste Telefonverbindung herzustellen. Mit der Zeit gab es immer bessere Geräte, sodass Gespräche über wachsende Distanzen geführt werden konnten. In den 1880er-Jahren richteten die Deutschen mehr und mehr Fernsprechnetze ein. Seit 1883 existieren Telefonleitungen auch zwischen größeren Städten. Ab 1912 wurden die ersten Fernleitungen unterirdisch verlegt.

Das Dampfschiff

Thomas Newcomen konstruierte im 18. Jarhundert die erste nutzbare Dampfmaschine, James Watt entwickelte sie weiter. Seitdem nutzten die Menschen die Dampfkraft verstärkt für den Transport und Verkehr: Eisenbahnnetze wurden ausgebaut, Dampfschif fe über Fluss und Meer geschickt.

Am 24. Mai 1819 legte in den USA das erste Schiff ab, das mithilfe von Dampf die weite Strecke über den Atlantischen Ozean nach Liverpool, England, überquerte. Dampfschiffe waren schneller als Segler, vom Wind unabhängig und konnten dank konstanter Antriebskraft ihre Ankunft viel genauer vorhersagen.

Der Aktienindex?

Den ältesten noch existierenden Aktienindex Dow-Jones entwickelte der Journalist Charles Henry Dow (1851–1902) zusammen mit dem Statistiker Edward Davis Jones (1856–1920): Er errechnete aus 12 Aktien einen Durchschnittswert, um Kursschwankungen leichter beurteilen zu können. Damals war der Eisenbahnbau wirtschaftlich von großer Bedeutung, weshalb sich der Index hauptsächlich aus entsprechenden Gesellschaften zusammensetzte. Den Dow-Jones hatten seine Erfinder 1896 zum ersten Mal veröffentlicht.

Die Kino-Premiere

Viele Jahre ist es her, dass in Paris rund 35 Besucher die erste öffentliche Filmvorführung genossen. Action und Spezialeffekte? Für viele heutzutage ein Muss in Kinofilmen. Damals, am 28. Dezember 1895, waren die Zuschauer erstaunt, dass sich die Menschen auf der Leinwand überhaupt bewegen konnten.

Veranstalter des ersten Kino-Events waren die beiden Brüder August und Louis Lumière – ein passender Nachname, heißt er doch zu Deutsch: Licht. Sie zeigten zehn Kurzfilme ohne Ton. Dieser kam erst 30 Jahre später zum Film.

Der erste Staubsauger

Was machen Sie, wenn sich Staub und Krümel auf dem Boden sammeln? Sie holen wahrscheinlich Ihren Staubsauger hervor. Vor etwa 150 Jahren ärgerte sich die amerikanische Geschäftsfrau Anna Bissell ständig darüber, dass sie beim Arbeiten angefallene Sägespäne nicht mehr aus ihrem Teppich herausbekam. Sie hatte noch keinen Staubsauger, aber ihr technisch begabter Mann Melville erfand daraufhin einen für sie: Am 19. September 1876 erhielt er das Patent für sein Gerät, für das es eine große Nachfrage gab.

Für den häuslichen Gebrauch waren die ersten Staubsauger jedoch in den nächsten Jahren noch nicht flächendeckend einsetzbar: Die von Hand betriebenen Geräte waren zu groß dafür. Nach dem Tod ihres Mannes 1889 führte Anna Bissell als erste weibliche Geschäftsführerin der USA die Staubsauger-Fabrik BISSELL weiter. Das Unternehmen besteht noch heute. Das Prinzip des Staubsaugens hatten zur damaligen Zeit allerdings mehrere Tüftler in verschiedenen Erdteilen unabhängig voneinander erfunden.

Die Londoner U-Bahn

Wenn die oberirdischen Straßen nicht mehr ausreichen, um flüssigen Verkehr zu gewährleisten, bleibt nur eines: ausweichen. London machte es vor, wie das gehen kann: Die Stadt verlegte einen Teil des Verkehrs auf Eisenbahnschienen unter der Erde – die erste Untergrundbahn der Welt, kurz U-Bahn, war geboren.

Am 10. Januar 1863 startete die Londoner „Underground" mit regelmäßigen Fahrten. Die Strecke betrug damals 6,5 Kilometer.

Der erste Personenaufzug

Wolkenkratzer ohne Aufzug? Unvorstellbar! Sicher wären sie auch nicht so hoch geworden, wenn der Amerikaner Elisha Otis nicht gewesen wäre: Er erfand 1853 eine Fangvorrichtung, die einen Aufzug sicher machte, sollte das Tragseil einmal reißen. In einem Selbsttest schockierte er sein Publikum, als er das Seil einfach durchschneiden ließ. Er sank nur wenige Zentimeter, dann hielt der Aufzug. Otis gründete eine Firma, die noch heute der größte Hersteller von Aufzugsanlagen ist.

1857 gab es den ersten dampfbetriebenen Personenaufzug in einem New Yorker Hochhaus. Den ersten elektrischen Aufzug präsentierte der Deutsche Physiker und Unternehmer Werner von Siemens 1880 in Mannheim.

4.2 Alltag

Laufmaschen gegen Löcher

Unelegante Wollsocken und kostbare Seidenstrümpfe bekamen 1938 gleich doppelt Konkurrenz: In den USA entwickelte die Firma DuPont das „Nylon", in Deutschland fast zeitgleich der Chemiker Paul Schlack das „Perlon“. Tag der deutschen Entdeckung war der 29. Januar 1938.

Beides sind sehr widerstandsfähige Kunstfasern. Sie können zu feinen Fäden ausgezogen beziehungsweise verwirbelt werden. Strümpfe aus den neuen Fasern waren geschmeidig, glänzend und selbst in dünnem Zustand haltbarer als die wollenen. Das Perlon hatte seinen Haupteinsatz jedoch erst einmal in der Kriegsindustrie: Schnüre, Taue, Schläuche, Nähzeug, sogar Reifen entstanden daraus. Erst nach dem Krieg kamen die synthetischen Beinkleider richtig in Mode.

Der „Tesafilm“

Die Entwicklung des durchsichtigen Klebebands, hierzulande oft nur als „Tesafilm“ nach einer deutschen Herstellerfirma benannt, ist das Ergebnis mehrerer Problemlösungen:

Das erste Problem, das sich der amerikanischen Erfinderfirma 3M in den frühen 20er-Jahren stellte, war die zweifarbige Lackierung von Autos. Es fehlte etwas, um die erste Farbe abzudecken, bevor die zweite aufgetragen wurde. Ein 3M-Ingenieur fand die Lösung: Ein Krepp-Papier mit sparsam beschichteten Klebe-Rändern, das für eine größere Haftwirkung später komplett mit Klebstoff versehen wurde.

Das zweite Problem war das Fehlen einer wasserdichten Isolierhülle für den Elektronikbereich. Der Ingenieur experimentierte dafür mit dem 1908 erfundenen, transparenten Verpackungskunststoff Cellophan. Er versah es mit Klebstoff und testete seine Isolationskraft. Diese war nicht optimal, aber das Cellophan schien sich als Klebestreifen ganz gut zu eignen. 3M entwickelte das Produkt weiter und brachte den ersten durchsichtigen Klebefilm am 31. Januar 1928 auf den Markt.

Die Eismaschine

... wurde an einem 1. März patentiert. Es war die Ammoniak-Kältemaschine des deutschen Ingenieurs und Erfinders Carl von Linde. Sein Auftraggeber für die Entwicklung einer solchen Maschine war eine Brauerei. Denn es galt als erwiesen, dass zum Bierbrauen bestimmte Temperaturen erforderlich sind, die es aber nur in den Wintermonaten gibt. Lindes Eismaschine schaffte Abhilfe, machte das Brauen auch im Sommer möglich und fand nach der Patentierung 1876 gleich viele Abnehmer in Brauereien, Molkereien und anderen Lebensmittel herstellenden Betrieben.

Mehr als 620 Maschinen ließ Linde allein in den ersten 10 Jahren seiner neu gegründeten „Linde-Eismaschinen-AG" bauen.

Ein Zufallsprodukt

Stellen Sie sich einmal vor, wie viele Produkte es aus oder mit Gummi gibt – angefangen beim Haushaltsgummi über Dichtungen bis hin zum Radiergummi oder Autoreifen. Mittlerweile ist der Werkstoff meist synthetischer Natur. Im Jahr 1844 schaffte Charles Goodyear (1800–1860) jedoch die Grundlagen für die vielseitige Verwendung des elastischen Materials: Er meldete seine Erfindung, den vulkanisierten Kautschuk, zum Patent an, das er am 15. Juni auch erhielt.

Wie so oft bei Erfindungen hatte dieses Mal wieder die Laune des Zufalls eine Rolle gespielt: Der Chemiker Goodyear versuchte schon länger, das Naturprodukt Kautschuk (= Saft bestimmter Bäume) beständiger gegen Hitze und Kälte zu machen. Als ein mit Schwefel versehenes Kautschuk-Gemisch auf einen heißen Herd geriet und trocken sowie elastisch blieb, hatte er die Lösung gefunden: Das neue Produkt war Gummi. Das Verfahren, mit dem der Kautschuk widerstandsfähig gemacht wird, nennt sich Vulkanisierung.

Charles Goodyear war es auch, der 1855 das erste Gummi-Kondom herstellte, das erst nach seinem Tod in Serie gefertigt wurde – zwei Millimeter dick und mit Nähten versehen.

Die erste Mayonnaise

Möglicherweise lag das Rezept für die helle Soße aus Öl, Eigelb, Salz und Essig oder Zitrone schon vor 2.000 Jahren im Mittelmeerraum vor. Doch ihr Name leitet sich wohl aus der französischen Geschichte ab: Vor über 250 Jahren eroberte Louis-François-Armand de Vignerot du Plessis (1696–1788), Herzog von Richelieu und Großneffe des berühmten Kardinals Richelieu, die spanische Baleareninsel Menorca. Das war am 28. Juni 1756. Die Briten hatten bis zu diesem Tag in Menorca die Oberhand. Nun ranken sich einige Geschichten um die Mayonnaise, deren Name sehr wahrscheinlich auf die Hauptstadt Menorcas, Mahón, zurückgeht.

Die 1.: Irgendjemand fertigte die „Mahónnaise“ aus den bekannten Zutaten zu Ehren der französischen Eroberer.

Die 2.: In den harten Zeiten der Inselbelagerung stellte jemand eine neuartige Sauce zusammen, die einfach kalt hergestellt werden konnte. Den Franzosen gefiel das. Sie sorgten dafür, dass die Mayonnaise auch in anderen Ländern bekannt wurde.

Die 3.: Richelieu, bekannt für seine lockeren Moralvorstellungen, war angetan von einer Inselbewohnerin, ihren Kochkünsten und ihrer feinen Soße. Sie nahm er zwar nicht mit nach Frankreich, dafür aber das Soßenrezept. Zu Hause führte er es als „Sauce de Mahón“ und als seine Entdeckung ein. Daraus wurde die „Mahónnaise“ und später die Mayonnaise, was für die Franzosen viel leichter auszusprechen ist.

4.3 Medizin

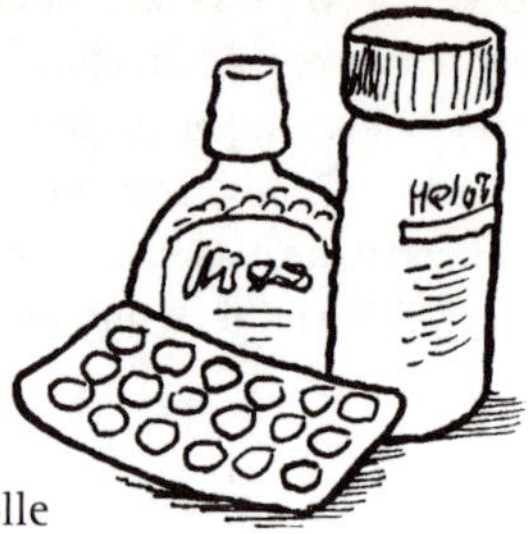

Das Aspirin

Das weltweit meistverkaufte Schmerzmittel „Aspirin“ wurde am 6. März 1899 in die Warenzeichenrolle des Kaiserlichen Patentamts in Berlin eingetragen.

Eineinhalb Jahre zuvor hatten es der Bayer-Chemiker Dr. Felix Hoffmann und sein Team bei der Suche nach einem Rheumamittel geschafft, den Wirkstoff Salicylsäure in eine chemisch reine und haltbare Form zu bringen: als Acetylsalicylsäure.

Bereits unsere antiken Vorfahren tranken einen Sud aus verkochten Blättern und Rinden von Weidenbäumen, um Schmerzen zu lindern. Das pflanzliche Vorkommen von Salicylsäure spielte auch bei der Namensgebung von Aspirin eine Rolle: Das „A“ steht für das „Acetyl“ der Grundsubstanz Acetylsalicylsäure. Die zweite Silbe „spir“ ist eine Anlehnung an die Spirsäure aus dem Saft der Spirstaude (Spiraea ulmaria), die mit Salicylsäure chemisch identisch ist. Das „in“ diente einfach als gebräuchliche Endung des chemischen Namens.

Die Tuberkulose

Die Schwindsucht, wie die Tuberkulose auch genannt wurde, war gerade im 19. Jahrhundert eine gefürchtete Volkskrankheit. Eine Million Menschen waren in Deutschland daran erkrankt. Europaweit starb jeder Siebte an Tuberkulose.

Im Jahr 1882 dämmte die Entdeckung ihres Erregers die Angst vor dem Unbekannten ein: Der Regierungsrat und Bakteriologe

Dr. Robert Koch gab sein Wissen am 24. März der Öffentlichkeit preis. Er hatte den Erreger als dünnen, stäbchenförmigen und gekrümmten Bazillus identifiziert und ihn Tuberkelbazillus genannt.

Nun war die Ursache der Infektionskrankheit bekannt, die fortan gezielt bekämpft werden konnte. Weltweit erkranken und sterben heute noch immer Millionen von Menschen an Tuberkulose – insbesondere in ärmeren Regionen mit mangelhafter Ernährung und schlechten hygienischen Verhältnissen.

Coca-Cola als Arzneimittel

Vor mehr als 120 Jahren wurde das Kultgetränk zum ersten Mal hergestellt: Der Apotheker John Pemberton wollte ein Medikament gegen Müdigkeit, Schwächeanfälle, Kopfschmerzen und Depressionen entwickeln – ohne das nebenwirkungsreiche Morphium und ohne Alkohol, der verboten war. Am 8. Mai 1886 mischte Pemberton den Sirup aus seinen auserwählten Zutaten – Kolanüsse, Damiana (pflanzliches Antidepressivum) und ein Extrakt aus Koka-Blättern – erstmals mit Soda. Fortan boten Apotheken die Brause für 5 Cent an.

Pemberton verkaufte später die Rechte an seiner Rezeptur, wahrscheinlich weil er Geld für seine Morphiumsucht benötigte. Der Großhändler Asa Candler erwarb die Mehrheit und gründete 1892 The Coca-Cola Company.

Das mittlerweile abgewandelte Rezept ist ein Geheimnis. Pro Tag werden weltweit über eine Milliarde Produkte der Weltmarke Coca-Cola konsumiert.

5. Kunst

5.1 Literatur

Was sind Märchen und wie entstanden sie?

Märchen sind kurze Erzählungen, die in einer fantastischen Welt spielen. In dieser Märchenwelt können Tiere und Pflanzen sprechen oder sich in Menschen verwandeln – wie der Froschkönig, aus dem ein Prinz wird. Häufig kommen in Märchen magische Gestalten wie Hexen oder Feen vor. Im Gegensatz zu Sagen und Legenden beziehen sich Märchen kaum auf historische Ereignisse. Im Gegenteil: Sie spielen in einer unbestimmten Zeit. Anstelle einer Zeitangabe beginnen viele Märchen daher mit dem Satz: „Es war einmal ...".

Gewalt kommt in vielen Märchen vor, z. B., wenn Hänsel und Gretel im gleichnamigen Märchen die Hexe bei lebendigem Leib verbrennen. Dies ist ein Grund, weshalb Märchen-Kritiker der Ansicht sind, sie könnten Kindern schaden. Tatsächlich haben Forscher herausgefunden, dass die Geschichten ursprünglich für Erwachsene gedacht waren. Erst im Laufe der Jahrhunderte begannen die Menschen, sie auch Kindern zu erzählen.

Volksmärchen wanderten vom einen zum anderen

Grundsätzlich gibt es zwei verschiedene Formen von Märchen: die Volks- und die Kunstmärchen. Bei den Volksmärchen sind Ursprung und Verfasser des Märchens nicht bekannt. Eine Generation erzählte sie der nächsten und so weiter. Irgendwann machte sich dann jemand die Mühe, die Erzählungen zu sammeln und aufzuschreiben.

So beispielsweise die bekannten Brüder Jakob (1785–1863) und Wilhelm Grimm (1786–1859). Die beiden veröffentlichten im Jahr

1812 die Märchensammlung „Kinder- und Hausmärchen". Sie führten übrigens auch den Gattungsbegriff „Märchen" ein.

Volksmärchen haben eine vergleichsweise einfache Erzählstruktur und sind leicht verständlich. Die Welt ist klar unterteilt: Auf der einen Seite stehen die Guten, auf der anderen die Bösen. Meist gibt es einen Helden, der sich aus einer Notlage befreien oder eine Aufgabe lösen muss. Volksmärchen haben immer ein Happy End.

Kunstmärchen sind frei erfunden

Beim Kunstmärchen gibt es einen Autor, der bewusst eine Geschichte schreibt, die er mit märchenhaften Elementen ausstattet. Kunstmärchen sind außerdem weitaus später entstanden als Volksmärchen. Und sie sind im Gegensatz zu den Volksmärchen meist komplexer aufgebaut und sprachlich anspruchsvoller. Daher sind sie auch für Erwachsene interessant. Viele Kunstmärchen entstanden in der Epoche der Romantik (um 1790–1840) und des Biedermeiers (1815–1848).

Bekannte Verfasser von Kunstmärchen sind etwa der Däne Hans Christian Andersen (1805–1875) – er schuf über 160 Märchen – oder Wilhelm Hauff („Kalif Storch", „Der kleine Muck").

Tolkien: Erfolg mit einer Kindergeschichte

Der englische Schriftsteller John Ronald Reuel Tolkien (1892–1973) veröffentlichte am 29. Juli 1954 den ersten Band der Kultroman-Trilogie „Herr der Ringe". Die Geschichte um Bilbo Beutlin und seine Kameraden war eine Fortsetzung der Kindererzählung „Der kleine Hobbit“ von 1937. Tolkien hatte vier Kinder, denen er immer Fantasiegeschichten vortrug. Der Autor war schon als Kind von Sprachen fasziniert und entwickelte später seine eigenen, die er in der Fantasy-Welt Mittelerde auch einsetzte. Übrigens verfasste er „Herr der Ringe“ in sechs Bänden; eine Trilogie (drei Bände) gab es nur, weil sein Verlag aus Kostengründen mehrere Bücher zusammenfasste.

5.2 Film, Fernsehen & Theater

Erster Oscar für Oskar

„Die Blechtrommel“ erhielt als erster deutscher Film einen Oscar als bester ausländischer Film. Er erzählt die Geschichte des Danziger Jungen Oskar Matzerath, der die Welt der Erwachsenen verachtet und mit drei Jahren sein Wachstum einstellt. Regisseur war Volker Schlöndorff. Die Romanvorlage lieferte Günter Grass, der für sein Lebenswerk 1999 den Nobelpreis für Literatur erhielt.

Sisi erblickt das Licht der Welt

Die Filme über das Leben der österreichischen Kaiserin bewegen in der Weihnachtszeit viele Fernsehzuschauer in Deutschland und Österreich – und das Jahr für Jahr auf's Neue. Sisi war auch ein Kind der Weihnacht, denn sie kam am 24. Dezember 1837 in München auf die Welt, als Elisabeth Amalie Eugenie Herzogin in Bayern. Später heiratete sie Kaiser Franz-Joseph von Österreich und wurde die für ihre Schönheit berühmte und eitle, aber sehr einsame Kaiserin.

4.3.1973: Talk im deutschen Fernsehen

Sind Sie ein Fan von Talk-Shows? Dann fällt es Ihnen sicher schwer, sich vorzustellen, dass es diese bis vor wenigen Jahrzehnten im deutschen Fernsehen noch nicht gab. Sendungen, in denen Moderatoren und Gäste miteinander redeten, waren als Unterhaltungsprogramm in den USA schon seit den 50er-Jahren bekannt. Skeptiker glaubten, die Talk-Idee der Amerikaner befremde die Deutschen. Diese kannten bis dahin nur Krimis und Spielfilme, um sich vom Fernseher unterhalten zu lassen.

Am 4. März 1973 lief dann der erste Talk-Test an: Der Westdeutsche Rundfunk (WDR) strahlte die Sendung „Je später der Abend“ mit Moderator Dietmar Schönherr aus.

„Die Physiker“ erstmals auf der Bühne

Der Schweizer Schriftsteller Friedrich Dürenmatt (1921–1990) sah in der Komödie die einzige Möglichkeit, den Zustand der Welt zur Zeit des Kalten Krieges mit Distanz zu begegnen. Am 21. Februar 1962 wurde in Zürich seine Groteske „Die Physiker“ uraufgeführt – mit der Weltgeschichte als Irrenanstalt, darin die drei Insassen Newton, Einstein und Möbius. Thema ist der Missbrauch naturwissenschaftlicher Erkenntnisse, der zur Vernichtung der Welt führen könnte.

Zwei von 21 Punkten, die Dürenmatt zum Stück verfasste, drücken aus, worum es ihm ging: „Der Inhalt der Physik geht die Physiker an, die Auswirkung alle Menschen.“ Und: „Jeder Versuch eines Einzelnen, für sich zu lösen, was alle angeht, muss scheitern.“

Kennen Sie noch das epische Theater?

Gedichte und Dramen - für das Theater geschriebene Werke - waren für Bertolt Brecht eine beliebte Form, um seiner Kritik an Gesellschaft und Politik Ausdruck zu verleihen. Er gilt als Begründer des „epischen Theaters“: Brecht wollte, dass Sie sich als Zuschauer nicht mit den Figuren seiner Stücke identifizieren können. Ihm ging es darum, dass Sie mit Distanz Dinge analysieren und hinterfragen. Emotionen zu wecken war nicht sein Ziel. Deshalb setzte Brecht Verfremdungstechniken ein - Erzähler, Lieder, Masken. So ließ sich das Schauspiel wahrnehmbar vom echten Leben abgrenzen.

Episch kommt aus dem Lateinischen und bedeutet „erzählend“.

5.3 Malerei

Jahrestage eines Surrealisten

Gleich zwei Gedenktage gibt es im April für den deutschen Maler und Bildhauer Max Ernst: Am 2. April wurde er geboren. Einen Tag vor seinem 85. Geburtstag verstarb er - am 1. April 1976. Sein Wirken fiel in eine Zeit, in der viele künstlerische Bewegungen auftraten, getrieben von den Umbrüchen im technischen, wirtschaftlichen, politischen und gesellschaftlichen Bereich - die Rede ist vom frühen 20. Jahrhundert.

Max Ernst gilt als Mitbegründer der Kölner Dada-Gruppe - Dada war eine provokative, schockierende Kunstströmung in den USA und Europa. Die Kölner Gruppe mündete 1924 in die Pariser Surrealisten-Bewegung.

Seit dieser Zeit galt Max Ernst als einer der bedeutendsten und vielseitigsten Künstler des Surrealismus. Eine seiner bekannten Techniken ist die von ihm erfundene Frottage: Ernst übertrug Struktur auf ein Bogen Papier, indem er zum Beispiel Holzmaserungen mittels Bleistift durchrieb.

Wie kam es zum Barock?

Der Geburtstag des niederländischen Malers Rembrandt jährte sich 2006 im Juli zum 400. Mal. Zu seiner Zeit war sein Land die Heimat großer Künstler des Barocks. So entwickelte sich dieser Kunststil: Die Kirche spaltete sich mit der Reformation, die ab 1517 in Europa begonnen hatte. Im Zuge dessen zerstörten Anhänger des neuen christlichen Glaubens kirchliche Gemälde und Denkmäler, weil damit Götzenverehrung betrieben worden sei. Die Katholiken setzten ab der zweiten Hälfte des 16. Jahrhunderts zur Gegenreformation an und entwickelten den Kunststil des Barock für Kirchen- und Fürstenhäuser. Dieser hatte also zunächst katholische Wurzeln.

Barocke Kunst wirkte schwülstig, prächtig, festlich – der Name leitete sich aus dem portugiesischen Begriff für „unregelmäßige Perle“, barocco, ab.

Expressiv: Farben und Gefühle

Charakteristisch für expressionistische Gemälde sind – mitunter unnatürliche, großflächig aufgetragene, kräftige – Farben, Dynamik und spontane Emotionen: Diese prägen die Aussagekraft eines Bildes. Die Sprache des Gemalten ist oft einfach und direkt. Die Gefühle wirken zum Teil übersteigert, weshalb Dinge oder Personen verformt oder entstellt wirken.

Einer der bedeutendsten Expressionisten war der Franzose Henri Matisse (1869–1954), dessen Stil von reinen, intensiven Farben und flächigen Bildgegenständen geprägt ist. Pablo Picasso (1881–

1973) passte in kein festes Schema: Viele Bilder des Spaniers, in unterschiedlichen Perioden erstellt, haben expressionistische Züge. Die Werke des Russen Marc Chagall (1887–1985) sind leuchtend, flächig, sehr religiös und ausdrucksstark. Viele seiner Bilder haben übrigens das Schicksal jüdischer Propheten oder symbolische Figuren des Volkes Israel zum Thema: Mose, Abraham, David oder Jeremia. Der deutsche Maler Max Beckmann (1884–1950) erzeugte Bilder mit dicht gedrängten Figuren, Konturen und visionärer Kraft.

5.4 Musik

Mozart und die Aufklärung

Wolfgang Amadeus Mozart (1756–1791) lebte in einer Zeit, in der sich eine neue Idee den Weg in die Städte Europas bahnte: die Aufklärung. Vernunft, Toleranz und Menschlichkeit hießen ihre Ideale, die auch Mozart antrieben. Sein Werdegang vom Hofkomponisten zum freien Künstler und damit die Abkehr von der Obrigkeit spiegelt das wider.

Viele erfolgreiche Komponisten sind musikalische Zeitgenossen Mozarts – so etwa Antonio Salieri, der neben Ludwig van Beethoven auch Franz Schubert unterrichtete. Oder Franz Joseph Haydn, dessen Streichquartette Mozart inspirierten. Auch die Kompositionen von Johann Christian Bach, des Sohns von Johann Sebastian Bach, übten großen Einfluss auf Mozart aus.

Beeinflusst wurde Mozart in seinem Schaffen außerdem durch seinen Beitritt in die Freimaurerloge „Zur Wohltätigkeit" 1784. Die

Gemeinschaft der Freimaurer strebte nach den fünf Idealen Freiheit, Gleichheit, Brüderlichkeit, Toleranz und Humanität; viele Anhänger der Aufklärung traten ihr bei. Mozart komponierte einige freimaurerische Musikstücke.

Das Wichtigste über die „Zauberflöte“

Sie ist die wohl bekannteste Oper Mozarts. Die Geschichte hat märchenhafte Züge: Die Königin der Nacht möchte Sarastro die Herrschaft entreißen. Sarastro entführt Pamina, die Tochter der Königin der Nacht, um sie vor dem schlechten Einfluss ihrer Mutter zu bewahren. Tamino und der Vogelfänger Papageno sollen Pamina im Auftrag der Königin der Nacht befreien. Tamino verliebt sich sofort in das Bild von Pamina. Bevor die Entführte jedoch frei ist, Tamino und Pamina zueinander finden und die böse Königin vernichtet ist, müssen die zwei Helden einige Prüfungen bestehen. Dabei hilft ihnen die Zauberflöte, eine Flöte mit wunderbaren Kräften. Schon bei der Uraufführung war die Oper ein großer Erfolg – auch wenn Inhalt und Sprache nicht alle Geschmäcker trafen. Doch das hielt den Durchbruch nicht auf: In ganz Europa setzten viele Opernhäuser das Werk auf den Spielplan. Mozart selbst erlebte den ganz großen Erfolg seiner Oper nicht mehr. Er starb zwei Monate nach der Erstaufführung 1791.

Skandalöses Strawinsky-Ballett

Heidnische Rituale, Menschenopfer, Unterwerfung: Das sind die Themen des Balletts „Le Sacre du Printemps“ – die Weihe des Frühlings. Igor Strawinsky (1882–1971), der übrigens in Sankt Petersburg aufwuchs, komponierte das Tanzstück vor rund 100

Jahren. Als es am 29. Mai 1913 in Paris zur Uraufführung kam, zeite das Publikum heftige Reaktionen bis hin zu gewalttätigem Verhalten: Es empfand die Musik als barbarisch. Das Orchester - mit 38 Holz- und Blechbläsern und einer riesigen Schlagzeuggruppe doppelt so groß wie sonst - bot äußerst ungewohnte Hörerlebnisse; Rhythmus dominierte, Melodien und Betonungen kamen gegen den Takt.

Ein Echo für Pop

Jedes Jahr wird der Deutsche Musikpreis ECHO in der Sparte Pop verliehen. 2006 waren als Preisträger bspw. Robbie Williams, Madonna, Bon Jovi, Sarah Connor, Wir sind Helden, die Rolling Stones und Tokio Hotel, die jungen Senkrechtstarter des Jahres 2005, nominiert. Und Peter Kraus, der „1. Rockstar Deutschlands" erhielt den ECHO für sein Lebenswerk.

Jedes Jahr gibt es 22 Preiskategorien. Neben Schlager, Jazz und Rock sind auch Comedy, Videoclip oder Dance-Act sowie der Hit des Jahres vertreten.

Bei der Echo-Gala am Abend zeigen dann außerdem nationale und internationale Stars der Pop-Szene was richtig gute Musik ist.

Die Deutsche Phono-Akademie hat 1992 mit dem Musikpreis ECHO die Tradition des seit 1963 vergebenen Deutschen Schallplattenpreises fortgesetzt.

6. Fremdwörter

6.1 Substantive

Farce

Etwas grenzt an eine „Farce", ist eine „Farce" oder wird als solche angesehen. In den Nachrichten, sei es über Politik, Gesellschaft, Sport oder Kultur, hören Sie dieses Wort nicht selten. Wir haben es direkt vom Französischen „farce" übernommen; es stammt vom lateinischen Begriff für „hineinstopfen" ab: farcire. Eigentlich ist die „Farce" eine Posse oder Satire. Früher gab es derbe, komische Einlagen als Lückenfüller in Theaterpausen. Erst seit dem 19. Jahrhundert bekommt die „Farce" ihre weitere Bedeutung als Angelegenheit oder Herangehensweise, die unsinnig, unseriös oder lächerlich ist.

Im Übrigen ist „Farce" auch im gastronomischen Bereich bekannt: Es handelt sich dabei um eine Hackfleisch-Füllung für Fleisch oder Fisch, ganz im Sinne von „hineinstopfen" ...

Curriculum

„Curriculum vitae" steht nicht selten auf dem Kopf – und zwar über den Angaben, die den beruflichen Werdegang und die persönlichen Daten eines Bewerbers betreffen. Aus dem Lateinischen übersetzt, heißt es „die Laufbahn des Lebens" oder zu Deutsch: Lebenslauf.

Curriculum selbst wird vornehmlich in der Pädagogik benutzt. Da das Wort nach seiner Bedeutung den Ablauf eines Jahres bezeichnet, wird es in umfassendem Sinne für „Lehrplan" verwendet: Curriculum beinhaltet neben den Inhalten auch Lehrziele und -methoden, eben den kompletten Ablauf eines Lehr- beziehungsweise Lernprozesses.

Querulant

Sie suchen ein Wort für eine Person, die ständig nörgelt, hartnäckig Kritik übt oder sich über die unwichtigsten Dinge beschwert? Dann ist „Querulant" das Richtige. Es kommt aus dem Lateinischen; dort heißt querulare „sich beschweren" oder „klagen". Dementsprechend werden Klagen und Streitereien auch als Querelen bezeichnet.

Im juristischen Bereich werden Menschen dann als Querulanten angesehen, wenn sie offensichtlich grundlos Anträge stellen oder Klagen einreichen, weil sie sich im Unrecht sehen. Der Widerstand erscheint oft unverhältnismäßig, weshalb Ämter oder Gerichte unter Umständen nicht darauf reagieren.

Skrupel

Haben Sie Skrupel davor, etwas Unrechtes zu tun? Dann plagen Sie Gewissensbisse oder Zweifel an der Richtigkeit Ihres Handelns. Das Wort „Skrupel" ist im Deutschen sehr geläufig und bekannt. Es leitet sich von dem lateinischen scrupulus ab, das eigentlich für „spitzes Steinchen" oder ein „stechendes Gefühl" stand.

Der Skrupel wird bei uns meist in der Mehrzahl eingesetzt, zum Beispiel: Er hat Skrupel. Er setzt seine Interessen ohne Skrupel durch. Oder: Er ist skrupellos.

Wolkenkuckucksheim

Dieses buchstabenreiche Wort erscheint auf den ersten Blick nicht als Fremdwort – es ist eine so genannte Lehnübersetzung: Es wurde (fast) wörtlich in all seinen Einzelbestandteilen aus dem Griechischen übersetzt. Dort beschrieb der Dichter Aristophanes (448–385 v. Chr.) mit seinem nephelokokkygia in der Komödie „Die Vögel" einen Vogelstaat in den Wolken, zwischen Himmel und Erde. Wolkenkuckucksheim ist daher eine Fantasiewelt, ein Luftschloss oder Traumland.

Xanthippe

Zu einer Frau, die Sie heute als „Zicke" bezeichnen würden, haben die Menschen früher „Xanthippe" gesagt. So hieß die Gemahlin des griechischen Philosophen Sokrates. Sie verkörperte das Bild einer zänkischen, schwierigen, gar bösartigen Gattin.

Der Frauenname wurde in Deutschland ab dem 16. Jahrhundert stellvertretend für eine zanksüchtige Ehefrau verwendet.

Euphorie

Mit viel Euphorie gehen die beiden Final-Teams der Fußball-WM ins Endspiel; auch den Fahrern der Tour de France wird sicher Euphorie zuzuschreiben sein. Was es bedeutet, wissen Sie bestimmt: Sie erleben die Sportler in einer übersteigerten Hochstimmung, voller Hoffnung und Ehrgeiz, einen Sieg zu erringen.

Im eigentlichen Sinne bedeutet das Wort, das sich von dem griechischen euphoria ableitet, dass jemand fähig ist, etwas leicht zu (er)tragen, dass er geduldig ist.

Die Medizin setzte es vor rund 300 Jahren dann als Bezeichnung für das Wohlbefinden ein oder für den Erfolg einer Kur. Später bezeichneten Ärzte auch ein durch Drogen oder Erkrankungen überbetontes Hochgefühl als Euphorie.

Yankee

Yankee ist ein amerikanisch-englisches Wort, das die Menschen außerhalb des nordamerikanischen Kontinents spöttisch oder als Spitzname für US-Amerikaner verwenden.

Ursprünglich waren damit die Bewohner Neuenglands im Nordosten der USA gemeint. Die Herkunft von Yankee ist nicht geklärt: Es könnte eine Form der indianischen Bezeichnung von „English" sein (yengee) oder eine Verniedlichung des Namens „Jan" (Janke) als Spitzname für niederländische Siedler.

Havarie

Die Bezeichnung Havarie lesen oder hören Sie heutzutage sowohl im Zusammenhang mit dem Unglück von Tschernobyl als auch mit dem Untergang der Titanic.

Das Wort entstammt ursprünglich dem arabischen Ausdruck für Fehler, Schaden (awar) und bezeichnete Ware, die durch Meerwasser oder einen Unfall Schaden genommen hatte. Der rege Seehandel im Mittelalter führte dazu, dass Havarie vor mehreren hundert Jahren aus dem arabischen Sprachraum nach Europa (Italien, Spanien) gelangte.

Es wird seit dem 20. Jahrhundert für die Beschädigung an Schiffen, Fahr- oder Flugzeugen, Maschinen sowie technischen Anlagen benutzt.

Gala

Die Gala ist Ihnen sicher ein Begriff. In der Regel verstehen wir darunter eine festliche Veranstaltung. Doch eigentlich bedeutet Gala „Kleiderpracht“, „Festkleidung“ oder „Festlichkeit bei Hofe“.

Wir haben das Wort vor rund 300 Jahren aus dem Spanischen übernommen. Möglicherweise kommt es ursprünglich aus dem Arabischen: Dort war Gala ein Gewand, das ein Herrscher einem Bevorzugten vermachte. Dass Gala aus dem Altfranzösischen stammt, ist ebenfalls möglich: gale hieß „Vergnügen“.

Impertinenz

Jemand besitzt die Impertinenz, Ihnen ungefragt die Meinung zu sagen? Dann ist die Person unverschämt, frech oder sogar unverschämt frech. Das Wort kommt aus dem Lateinischen, von impertinentia – es steht für etwas, das nicht zur Sache gehört. Impertinenz ist also die Ungehörigkeit, Unverschämtheit oder Frechheit.

Libretto

Im Zusammenhang mit Opern, Operetten oder Musicals begegnet Ihnen immer wieder der Begriff Libretto – gerade im 250. Jahr nach der Geburt von Wolfgang Amadeus Mozart, der außergewöhnliche Werke dieser Art geschaffen hat. Und während ein Musiker wie Mozart komponiert, schreibt ein anderer die Textvorlage für eine Oper. Diese nennt sich nun Libretto, das italienische Wort für „Büchlein“, aus dem Lateinischen: liber = Buch.

Ein bekannter Librettist Mozarts war übrigens der Italiener Lorenzo da Ponte (1749–1838).

6.2 Verben

konstatieren

„Meine Ziele hatte ich zu hochgesteckt“, konstatierte der Sportler. Wie ist seine Aussage zu verstehen, wenn das Wörtchen „konstatieren“ sich anschließt? Es ist eine Feststellung. Denn konstatieren, vom französischen constater und dies wiederum aus dem lateinischen constat, bedeutet, dass jemand etwas feststellt oder bemerkt.

brüskieren

Wenn jemand einen anderen Menschen bewusst brüskieren will oder ein Besucher gar die Gastfreundschaft seines Gastgebers brüskiert, bedeutet das nichts Gutes: Was hier von Mensch zu Mensch passiert, lässt sich mit „schroff behandeln“ oder „vor den Kopf stoßen“ umschreiben.

Eine weitere Bedeutung von brüskieren ist, jemanden auf verletzende Art herauszufordern. Das Wort geht zurück auf den italienischen Ausdruck brusco, der übersetzt in etwa „rauh“ oder „stachelig“ bedeutet.

validieren

Vielleicht haben Sie das in Zeitungsberichten schon einmal gelesen: Da validiert ein Forscherteam seine Ergebnisse, indem es ein objektives Verfahren für seine Untersuchungen entwickelt. Oder Sie hören von einem Software-Unternehmen, das neben Software auch einen Validierungsservice anbietet. Beispiele, wie die beiden Wörter eingesetzt werden, gibt es viele.

Nun zur Bedeutung: valid, abgeleitet aus dem lateinischen validus (= stark, kräftig), bedeutet „rechtskräftig". Validieren heißt dementsprechend: „für rechtsgültig erklären", „bekräftigen" oder „geltend machen".

Mit Validierung kann zum einen die Rechtsgültigkeit gemeint sein, zum anderen die Gültigkeit eines wissenschaftlichen Versuchs oder die Zuverlässigkeit eines industriellen Herstellungsverfahrens.

zelebrieren

Menschen zelebrieren Ereignisse, Auftritte, Aktionen, ihre Erfindungen, ihre Kunst und vieles mehr. Zelebrieren bedeutet feiern oder etwas feierlich auszugestalten und/oder genussvoll zu vollführen. Eine weitere Bedeutung des Verbs ist „eine Messe lesen".

Abgeleitet ist zelebrieren vom lateinischen celebrare für „häufig besuchen, feiern". Im Englischen heißt feiern entsprechend auch „to celebrate", im Französischen „célébrer".

deduzieren

Eine Ähnlichkeit von deduzieren und reduzieren ist unverkennbar: Letzteres kennen Sie als „etwas vermindern, einschränken". Das lateinische Ursprungswort ist reducere = zurückführen (auf das richtige Maß). Ursprung von deduzieren ist dementsprechend deducere = herabführen, von etwas ableiten. Das Verb bedeutet also, dass jemand aus einer anderen Sache etwas ableitet, schlussfolgert oder etwas aus dem Allgemeinen herleitet.

nivellieren

Nivellieren lassen sich Preis- und Höhenunterschiede, Standards, Qualitäten, kurzum alles, was Unterschiede aufweisen kann. Das aus dem Französischen von niveler übernommene Verb bedeutet, etwas gleichzumachen, anzupassen, anzunähern, einzuebnen beziehungsweise Unterschiede auszugleichen.

Als weitere Bedeutung kommt das Bestimmen von Höhenunterschieden mithilfe eines entsprechenden (Nivellier-)Gerätes hinzu.

lynchen

Manche Menschen verwenden das Verb spaßeshalber, nach dem Motto: „Ich lynche dich", für andere ist das Lynchen bitterer Ernst: Sie bestrafen jemanden, von dem sie glauben, er habe Unrechtes getan – und gehen dabei alles andere als zimperlich vor.

So gibt es auch den Begriff der Lynchjustiz, der beschreibt, wie eine aufgebrachte Menschenmenge ohne Urteil über einen vermeintlich Schuldigen richtet, indem sie ihn misshandelt oder tötet.

Lynchen kommt ursprünglich aus dem amerikanischen Englisch (to lynch) und geht auf eine Person mit Nachnamen Lynch zurück. Allerdings ist nicht geklärt, auf welche. Sowohl ein Farmer als auch ein Oberst, Richter sowie Bürgermeister und andere kommen infrage, weil sie auf ihre eigene Art Rechtsprechung betrieben.

Tacheles reden

„Jetzt müssen wir aber mal Tacheles reden!" Diese Redewendung kennen Sie sicherlich. Da werden sich mindestens zwei Menschen offen und unverblümt die Meinung sagen.

Woher kommt dieser Ausspruch? „Tacheles reden" ist umgangssprachlich. Das Wort Tacheles gibt es allein für sich stehend eigentlich nicht. „Tacheles reden" fand vermutlich in der Kaufmannssprache Verwendung, in der ersten Hälfte des vorigen Jahrhunderts.

Im Jiddischen bedeutet Tacheles reden „zur Sache kommen", wobei Tacheles das Ziel oder der Zweck ist. Das Wort leitet sich aus dem hebräischen taklit ab – dem Ausdruck für Zweck, Ende oder Äußerstes.

6.3 Adjektive

opportun

Ein Opportunist ist „ein Jenachdemer", befand der deutsche Schriftsteller Wilhelm Busch (1832–1908). Also jemand, der sich mit seiner Meinung immer der gegebenen Situation anpasst.

Er verhält sich opportun – eben so, wie es von Vorteil oder angebracht ist. Das lateinische Wort opportunus kommt wahrscheinlich aus der Seemannssprache und bedeutet: günstig, gelegen, passend.

profan

Der Begriff „profan" bezeichnet landläufig etwas Alltägliches, das keine herausragende Bedeutung hat. Im eigentlichen Sinne ist profan etwas, das ungeheiligt, ungeweiht oder außerhalb des heiligen Bezirks ist (von Lateinisch: profanus). Dementsprechend wird

z. B. in der Architektur auch zwischen Sakralbau (kirchliches Bauwerk) und Profanbau (weltlicher Bau) unterschieden.

hysterisch

„Jetzt werden Sie mal nicht hysterisch" – diesen Satz haben Sie sicher schon gehört, vielleicht im Fernsehen.

Im nicht-wissenschaftlichen Gebrauch ist damit gemeint: nicht überspannt, übertrieben erregt oder aufgeregt zu sein. Das griechische Wort hysterikos steht eigentlich für „die Gebärmutter betreffend". In der Antike glaubten die Menschen, dass Hysterie – medizinisch betrachtet eine seelische Störung – nur bei Frauen vorkomme und durch ein Gebärmutterleiden hervorgerufen werde. Bis ins 19. Jahrhundert galt die Hysterie noch als Frauenkrankheit. Im Medizinischen ließ man von dem Begriff ab und verwendet mittlerweile den Ausdruck Histrionische Persönlichkeitsstörung – histrio bedeutet Schauspieler (im antiken Rom).

konsterniert

„Ach, wie bin ich konsterniert." Ein Ausdruck der Verblüffung und Fassungslosigkeit. Das zugrunde liegende Verb aus dem Lateinischen ist consternare und bedeutet: „bestürzt machen", „aus der Fassung bringen" oder „aufregen". Aus ihm leitete sich das französische consterner ab, das wir vor rund 300 Jahren hierzulande übernahmen. Die Worte Konsternation oder konsternieren werden heutzutage jedoch kaum mehr gebraucht. Lediglich das Adjektiv konsterniert findet noch Verwendung.

lakonisch

Der „Tagesspiegel online“ berichtete vergangenen Samstag über Tobias Angerers olympische Bronzemedaille im 15 km Skilanglauf und zitierte den Sportler wie folgt: „'Medaille da – Druck weg', sagte Angerer lakonisch.“ Das ist in der Tat ein gutes Beispiel für eine kurze und treffende Aussage – lakonisch eben.

Das Wort stammt aus dem Griechischen: Die Einwohner des peloponnesischen Landstrichs Lakonien sollen sich gerne auf eine knappe und treffende Art ausgedrückt haben.

nebulös

Erinnert Sie der Begriff nebulös auch an Nebel? Damit liegen Sie richtig, denn die beiden Wörter sind verwandt. Nebulös entstammt dem lateinischen Wort nebulosus für dunkel, neblig oder schwer zu verstehen. Ähnlich verwenden wir es auch zur Beschreibung von Dingen, die geheimnisvoll, undurchsichtig, dunkel oder verworren sind.

Der Nebel selbst heißt im Lateinischen nebula von griechisch nephele – die Wolke.

redundant

Wo immer etwas redundant ist, taucht es mindestens ein Mal zu viel auf. Übersetzt aus dem Lateinischen heißt redundans „überflüssig“ oder „überströmend“.

Redundant ist ein Satz in einer Nachricht zum Beispiel dann, wenn er nichts Neues mehr zu bieten hat und nur das unterstreicht, was schon gesagt ist.

trivial

Trivial ist das geeignete Adjektiv, um zu verdeutlichen, wie abgedroschen, simpel, alltäglich oder platt Sie eine Sache empfinden. Das Wort kam über das französische trivial im 17. Jahrhundert zu uns. Seinen Ursprung hat es im Lateinischen: Dort bedeutet trivialis, dass etwas jedem zugänglich oder bekannt ist.

Vielleicht vermuten Sie schon, dass die Silbe „tri" etwas mit „drei" zu tun hat. Trivium hieß im Lateinischen ein öffentlicher Weg bzw. ein Ort, an dem sich drei Wege kreuzten.

zynisch

Ein Zyniker ist „einer, der von allem den Preis und von nichts den Wert kennt", sagte der irische Schriftsteller Oscar Wilde (1854–1900). Denn ein zynischer Mensch kann mit seiner spöttischen, bissigen oder schamlosen Art sehr verletzend sein und jegliche Wertvorstellungen missachten. Über das Französische gelangte der lateinische Begriff cynicus, der sich wiederum aus dem griechischen kynikos ableitet, zu uns. Kyon ist der Hund oder die Hündin; kynikos bedeutet hündisch, schamlos, unverschämt oder auch wie ein Hund ohne Bedürfnisse zu sein.

Als Kyniker bzw. Zyniker wurden in der Antike auch Anhänger einer griechischen Philosophenschule bezeichnet, die ein bedürfnis- und anspruchsloses Leben einforderte.

authentisch

„Dieser Ort ist authentisch" oder „dieser Mensch ist authentisch", sind Aussagen, die Sie heutzutage oft hören. Sie bedeuten, der Ort wirkt echt und ursprünglich oder der Mensch ist glaubwürdig, zuverlässig. Das Wort findet im Deutschen seit rund 500 Jahren Verwendung. Die lateinischen bzw. griechischen Ursprungswörter authenticus/authentikos bezogen sich eigentlich nur auf Dokumente und Schriftstücke, die das besagte Wort als Originale auszeichnete. Es konnte sich dabei also nicht um Kopien handeln.

Im Übrigen war ein authentes (im Griechischen) früher jemand, der sich selbst oder einen Verwandten ermordet hatte bzw. jemand, der Urheber einer Tat war.

pekuniär

Wenn sich Organisatoren eines Festes für die pekuniäre Unterstützung bedanken, richten sie sich damit wahrscheinlich an Sponsoren, die ihnen finanzielle Mittel zur Verfügung gestellt haben. Denn pekuniär bedeutet „Geld betreffend" oder „finanziell", aber auch „geschäftlich" oder „wirtschaftlich". Im Lateinischen ist pecunia = „Geld" und pecuniarius = „zum Geld gehörig". Das Wort gelangte irgendwann aus dem Französischen (pécuniaire) ins Deutsche.